ピエール・ブルデュー
ジャン＝クロード・パスロン
モニク・ド＝サン＝マルタン
訳＝安田尚
新版への序＝苅谷剛彦

新版

教師と学生のコミュニケーション

Pierre Bourdieu
Jean-Claude Passeron
Monique de Saint Martin

Rapport Pédagogique et communication

Bourdieu Library
藤原書店

Pierre BOURDIEU
Jean-Claude PASSERON
Monique de SAINT MARTIN

RAPPORT PÉDAGOGIQUE ET COMMUNICATION

Mouton&Co., 1965

〈新版への序〉

『教師と学生のコミュニケーション』から何を学ぶか
――日本の読者に向けて――

オックスフォード大学教授　苅谷剛彦

はじめに

一九六五年にフランス語で出版された原著は、安田尚氏の精緻な翻訳によって一九九九年に日本語で出版された。今回の『新版』は原著からは半世紀以上、日本語版（以下、旧版）からも一八年以上の歳月が経った後での出版である。その「解説」の執筆を依頼されたのだが、すでに日本語の旧版には「解説」と呼んでもよい安田氏の「訳者あとがき」が書かれている。ブルデュー研究者でも、フランス高等教育の専門的研究者でもない私には、本書の字義通りの「解説」を書くだけの知識も能力もない。安田氏の簡にして要を得た、解説を兼ねた「あとがき」に屋上屋を重ねる必要もない。私には、ブルデュー研究の延長線上での「解説」も、フランスにおける高等教育研究の延長線上での「解説」も書けないということだ。筆者にできるのは、ブルデューらの研究と同じ地平に立って、とはいえ、フランスという一地域、一九六五年という時代を越えて、彼らの指摘した問題を、二〇一七年という時点で検討することである。そのことを通じて、本書の提起した問題の意義を、二〇一〇年代後半という時代を背景に再文脈化してみたい。

そのためにここでは、はじめに（1）本書の中心的な議論を簡単にまとめる。そのうえで、そこでの指摘が現代のユニバーサル化・グローバル化した高等教育を考えるに当たってどのような意味をもちうるのかを、（2）高等教育の拡大、（3）グローバル・メリトクラシーの展開という文脈に位置づけて論じる。

1　原点――教育コミュニケーションの理解不全という問題

一九六二〜六三年度にヨーロッパ社会学センターが実施したフランスの大学生を対象とした調査報告をメインとする本書の中心テーマは、「教師と学生のコミュニケーションにおける言語的理解不全の問題」であった。教育、なかんずく人文社会系の「教育ほどその活力が言語操作にあるものは他にはない」（二九頁）。にもかかわらず、「学生は、言語使用に対する技術的、学校的な要求を満たす点で全くの無能力さを顕わにする」と著者たちはいう。そして調査を通じて「反論しがたい言語的理解不全の証拠」を示していく。「たとえば、彼らは講義で耳にし自分でも使っているタームを定義できない」とか、「厳密につくられた観念語の不適切で不正確な用いられ方に対しても、誠に寛容である」と言ったように、教育的コミュニケーションがそもそも成立していない（言語操作能力の育成が十分に行われていない）ことを関心の出発点に置く。

では、なぜ言語的理解不全が問題なのか。彼らが問題視したのは、フランスの大学生の学業達成が低いこと自体ではない。そうではなく、そのような言語的理解不全を生み出さざるを得ない、高等教育のフランス的な教育的コミュニケーションの特質をあぶり出し、それを通じて、言語的理解不全という現象が、学生の出身階級の影響を受けていること、さらにはそれが隠蔽されている実態とそのメカニズムに目を向けることであった。

言語的理解不全の現象は、学生が提出した小論文のレトリックの詳細な分析を通じて具体的に示される。すなわち、「小論文のレトリックを分析してみると、講義内容の復元の様々な病的な形態が明らかとなる。この病的な形態による講義の復元作業は、平板化、再解釈、そして脱文脈化といった操作によって、文化的徒弟制の論理と言うよりもむしろ、文化変容の論理を示すことになる。その点で典型的な小論文は、ほのめかしと省略の言語によって特徴づけられる。こうした曖昧で舌足らずな言い方は、今日の教育的関係を規定している言語的理解不全性における、またこの理解不全によって成り立つ〔教師と学生の——苅谷注〕共犯関係を前提になされている」（五四頁）。「病的」と称されるこの現象は、教師が学生に与える講義が、学生が提出する小論文において「平板化、再解釈、そして脱文脈化」され、「ほのめかしと省略の言語によって特徴づけられ」、それゆえ「曖昧で舌足らずな言い方」として表れる。このような講義の復元作業を強いる教育が、言語的理解不全を生みだしているというのだ。

先の引用で、「文化的徒弟制の論理というよりも」と注意深く注釈を入れているように、著者たちは、講義とは異なる方法（徒弟制）でしか、より適切な言語能力操作の能力は身につかないとみる。この徒弟制の論理については、訳者が訳注として次の注釈を加えている。すなわち、「教師は明示的には学生に何も教えず、学生は体験を通して徐々に知識・技術を身につける」（三一頁）方法のことである。また別の箇所で著者たちは、「少なくとも文系の学問領域では、教育的関係は言葉の交換に帰着する」、「言葉の交換においては、実技、あるいは見様見真似や反復練習による徒弟的訓練の余地はなく、指導者がやって見せるという方法ではなく、ソフィストのエピディクシス〔「自分の教育やそのメリットの宣伝を目的として行う演説」**訳者注記**〕に近い言葉によって示す形態をとっている」（六四頁）という。これらからわかるように、教師が手本を示し弟子がそれをまねて身につける方法（文化的徒弟制）こそが、少数の言語操作能力の獲得者を生む方法とみなされている。それゆえ、そうではなく、特殊な学校的言語を駆使した講義＝（そのメリットの宣伝を目的とした）演説を中心とした伝統的な教授方法が、言語的理解不全を生み出しているとみるのである。

このような教授方法をもとに提出される学生の小論文は、それゆえ「優雅さやゆとり、自信、気品が本当に質の高い論文だと評価され、これに対して文体の下品さや表現の稚拙さ、下手なまとめ方は低い評価を受けている」（一五七頁）。内容そのものより、いかに言語を操作できるかというレトリックの巧拙が問われるのである。このような教育的コミュニケーションの優雅さや気品の高さに代表される「大学言語」の中心問題は、それが「それぞれの社会階級が実際に話している言語とは、非常に不均等な距離をもつこと」（四〇頁）にある。「家庭の言語環境から生じた不平等」が「学生たちの社会的出自と学校的運命」（六六頁）とを媒介するというのである。そして調査の結果をふまえて、次の結論が下される。「要するに、ゲームは早い段階で終わっている」「勝つチャンスが、様々な社会的環境出身の学生たちに、これほど不平等に配分されている」（一一四頁）。だが、この「ゲーム」については明らかにされてこなかった。それを覆い隠してきたのが、「言語の交換」に終始する「伝統的形態による教育的コミュニケーション」＝フランスにおける高等教育の様式だったのである（六四頁）。

しかも、このような教育的コミュニケーションは、「普遍的」だとみなされてきた。自明性・正当性の付与である。「それゆえ、様々に書かれ評価される小論文は、文化的特権を永続化させるに最も相応しい道具の一つ」（二五七頁）となった。このように本書は、その後の『遺産相続者たち』や『再生産』といった研究に先駆けて、教育的コミュニケーションの特徴を論じながら、それが隠蔽し続けてきた階級の文化的再生産を指摘する議論を先取りしていた。

2　高等教育の拡大と「学力」問題

本書にも「庶民階級の学生は、まだ大学の学部では希」（四一頁）であるという記述があるように、一九六〇年代の半ばと言えば、高等教育がエリート段階からやっと脱し始める頃である。フランスの高等教育進学率を過去に遡って調べることは容易ではないが、一つの手がかりとして大場淳（2004）の研究では、当該年齢人口に占める一九七〇年以後のバカロレア（大学進学資格試験）合格者の比率を参照している。大場の推定によれば、一九七〇年は二〇％であった。それが一九九〇年代後半以後は六〇％を超え、その後二〇〇〇年代初頭までほぼ安定して推移している。拡張したバカロレア合格者の多くは、伝統的な「普通バカロレア」ではなく、「技術バカロレア」や「職業バカロレア」の合格者である。ただし、バカロレアの合格者が全員高等教育に進学するわけではない。日本の文部科学省の資料[1]から、九〇年代後半以後のフランスにおける当該人口の高等教育進学率がほぼ四〇％程度で推移している数値をもとに、仮におよそ七割のバカロレア合格者が進学しているとすると、一九七〇年の進学率は一四％（あくまでも粗い推定値）となる。

それからほぼ半世紀が経ち、比較的高等教育進学率が低かったヨーロッパの国々でも進学率の急速な上昇が見られた。前述の通りフランスでも当該年齢人口の四〇％程度が進学している。一九七〇年のおよそ三倍の上昇である。しかも、大前敦巳（2012）の研究によれば、その多くは大学ではなく、技術系の二年制中等後教育機関（ＳＴＳ＝中級技術者養成課程、あるいはＴＵＴ＝技術短期大学）への進学者である。

また、全数調査ではないが一九七〇、一九七七、一九八五、二〇〇三に実施されたEducation, Training and Occupations Surveys (enquêtes sur la formation et la qualification professionnelle) のデータを用いたGivordとGoux (2007) の研究によれば、本書の調査対象学生の年齢にほぼ重なる一九四五―五四年生まれが何らかの中等後教育機関を卒業した割合は、一三・五％（仮に一八歳をプラスすると一九六三―七二年に高等教育進学年齢に達する世代）であった。それより二〇年後に生まれた世代（一九八二―九二年に進学年齢）ではそれが三〇・四％に上昇する。このデータでも進学率は二倍以上の上昇となる。いずれの結果によるにせよ、一九六〇年代半ば以後、フランスにおいて急速で大規模な高等教育の拡大が生じたことは間違いない。

このような急速かつ大規模な高等教育進学者の拡大は、大学部門での「学力低下」問題をもたらした（大場2004）。大場によれば、二〇〇一年の大学進学者のうち、一年時終了時の試験合格者は全体の平均で半数に満たない（四四・八％）。留年率は二八・二％、中退率は二七％と合計すると半数以上を占める。本書が対象とした一九六〇年代半ばに比べ、進学者の増大が文字通りの「学力低下」問題として出現したのである。それが「言語的理解不全」の拡大によるのかどうかはわからない。たとえ伝統的な教授方法（教育的コミュニケーション）が改善されたとしても、以前にもまして基本学力の下位層が入学するようになったためなのかもしれない。いずれにしても、高等教育の機会の拡大によって、学習不全は解消されていない。

さらにGivordとGouxの分析では、中等後教育の学歴取得に対する、父親の職業と父親の学歴の影響を世代間で比較している。その分析結果によれば、父親の職業の影響については、二〇世紀の前半までに生まれた世代（本書の調査対象者を含む）では不平等が減少する傾向にあった。ところが、その後の世代では不平等が拡大している。また父親の学歴の影響では、第二次大戦までに生まれた世代では不平等が拡大し、それ以後は減少している。ただし、父親の学歴の影響が弱まっているとはいえ、低い学歴の父親をもつ子どもが背負うハンディキャップは依然として大きいと彼らは指摘する。

本書の中心的テーマは、大学入学後の学習成果（言語的理解不全）の不平等であった。本書とは異なる指標を用いた結果であるが、GivordとGouxの研究では、バカロレア取得者に限定して、中等後教育の学歴取得の有無への出身階層の影響を分析している。その結果によれば、一九六五―七四年生まれの世代では、それ以前の世代に比べ、出身階級（父職と父学歴）の影響が強まっていた。この分析は、高等教育への進学資格を持った者だけに限定した結果であり（ただしバカロレアを取得しても進学しない者が存在し、そこには出身階級の影響がある）、誰が卒業に至ったかの分析とみなすことができる。先述の落第率の高さを考慮すれば、高等教育を卒業できるだけの成績を上げられたかどうかにも、出身階級による不平等が依然として存在していると言ってよい(2)。一九六八年に技術バカロレアが導入され、さらに一九八五年には職業バカロレアが追加された。これらによって高等教育へのアクセスは大幅に拡大した。しかし、新たに追加された新種のバカロレア合格者が大学に進学した場合、その卒業率は普通バカロレアの合格者よりはるかに低いことが大場の研究で示されている。しかも、そこには出身階級間の不平等が存在する（大場 2004）。

これらの結果から、本書の研究が行われた以後、急速かつ大規模に教育機会の拡大が生じたにもかかわらず、高等教育における不平等が存続することが確認できた。それが、本書が明らかにしたような学校言語の操作能力の差異によるものかどうかはわからない。手がかりとなりそうな大場の研究では、大学進学した学生たちは、「不向きの領域に登録する」傾向があり、それを「修学困難に至る背景」（大場 五頁）のひとつとみている。微妙で目に見えにくい言語操作能力の差異よりも、自分の選好や能力と、進学した専門分野とのミスマッチといった、より可視化した現象が大学修了率の差異を生みだしている可能性が高い。いずれにせよ、高等教育における平等の達成は容易ではない。（当時）普遍的とみなされた教育的コミュニケーションの特徴のもとでの、それゆえに微細で不可視的な不平等生成の仕組みがたとえ改善されたとしても、より多くの「庶民階級」を巻き込んだ分だけ、露骨だが解決の難しい不平等生成の仕組みが働き続けているのだろう。

3　グローバル・メリトクラシー

本書の調査が行われた一九六〇年代半ばと比べ、高等教育に生じたもう一つの大きな変化は、グローバル化である。一つには七〇年代、八〇年代を通じてヨーロッパ諸国でも移民が急増し、移民二世以後の世代が高等教育に進学する年齢に達するようになった。本書の分析には、エスニック・マイノリティの観点が含まれていない。しかし、今日同様の調査を行えば、それは避けて通れないもう一つの重要な分断線となるだろう。これは、フランス高等教育にとって重要なテーマである。だが、ここではこれ以上の検討は行わない。

ここで検討したいのは、高等教育の世界自体で生じているグローバル化である。すでに別のところで指摘したが、二〇〇〇年代以後、高等教育機関への留学生数が急速に増大した（苅谷 2017）。ユネスコの統計によれば、[3] 世界全体での高等教育段階の留学生数は、一九九九年にはおよそ二〇〇万人だった。それが二〇一四年には四三〇万人へと二倍以上に増えている。さらにこのような高等教育のグローバル市場が拡大するなかで、イギリスのメディアを中心に世界大学ランキングが発表され、注目を集めるようになった。ランキングの上位には、アメリカやイギリスの大学が並ぶ。フランスの高等教育機関の名前は出てこない。たとえば、『タイムズ・ハイアー・エデュケーション』（THE）紙のグローバル大学ランキング二〇一七年版によれば、一〇〇位以内にはエコール・ノルマル・シューペーリエールが六六位にはいっているのみである。二〇〇位以内にまでひろげると、一二一位にピエール・マリー・キュリー大学が、一七九位にパリ大学南校（第11大学）がランキング入りする。いずれも理系中心の高等教育機関である。英語圏の有力大学はもちろんのこと、アジアの有力大学にも後塵を拝している。

だが、このことはフランスの高等教育が多数の留学生を受け入れていないことを意味しない。二〇一四年にオーストラリアに抜かれるまで、フランスはアメリカ、イギリスに次ぐ世界三位の留学生受け入れ国であった。とくに北アフリカやサハラ以南のアフリカ諸国など旧植民地＝フランス語圏からの留学生が現在でも多い。

とはいうものの、二〇一四年にオーストラリアに抜かれたように、現在グローバル化が進む高等教育市場では、英語圏の大学が優位な立場を占めている。ビジネスの世界でも、多国籍企業のグローバル展開が急速に拡大し、それに呼応して人材市場のグローバル化が進んだ。しかも、ビジネスの公用語は英語に収斂しつつある。これらが英語圏の大学を後押ししている。フランス語の国際語としての優位性が揺らいでいることと相関する現象である。

フランスの高等教育も、こうしたグローバル化の動きと無関係ではいられない。フランスから海外の高等教育機関に流出する学生の増加が起きているのである。ユネスコの統計によれば、フランスから海外の高等教育機関に留学する学生は、一九九九年の四三、三七八人から二〇一六年の八〇、六三五人へと大きく増大した。高等教育に就学する全学生数を分母にした流出留学生比率でみると、九九年の二・六から一六年の三・三への増加となる（ちなみに日本の同じ数字は一・五→〇・九と減少を示す）。行き先としては、アメリカ合衆国への留学生が増加傾向を示し、一九九九年の五、七四五人から二〇一三年には七、九七三人に上昇している（二〇〇八〜一四年には七千人台で推移、ただし二〇一五年には六、五二八人と若干減少）。同じ期間で見ると、イギリスへの留学生数は、若干上下しつつも一一、〇〇〇人台から一三、〇〇〇人で推移する。さらに、フランス語圏のケベック州を含むので英語圏とは断定できないが、カナダへの留学生も、九九年の二、三九一人から一四年には一〇、八四二人へと大きく増加している。

このように英語（圏）を中心に進む高等教育のグローバル化は、グローバル・メリトクラシーの展開と呼応する。それは一九九〇年代末から言われ始めた「人材をめぐるグローバルな戦争 the global war for talent（グローバルな人材獲得競争とも訳す）」の動きである。ある文献ではこうした事態を象徴する言葉として、ブリティッシュ・

ペトロリアム社が能力ある人材を獲得するためにホームページに掲げた次の表現を引用する。

「私たちの目的は、グローバルなメリトクラシー（能力主義）をつくりあげることです。そこでは、あらゆるバックグラウンドをもった人々が歓迎される。若者、年配者、男性、女性、いかなる人種や国籍を問わず、身体的な能力によらず、宗教、さらには性的嗜好や同一性を問わずに」

（Brown & Tannock, 2009, p. 380）

能力以外の属性は問わない。能力のみが重要な人材獲得の指標というのだ。このようなメリトクラシーのグローバル化言説が、世界的に通用する能力証明としてグローバルに評価される（とりわけ英語圏の）「ワールドクラス」の大学学位を求める人々を大量に生み出す。ビジネスや高等教育のグローバル市場における英語帝国主義は、本書が明らかにしたフランス語での学校言語操作能力の価値に影響せざるを得ない。一国内だけのナショナルな教育を通じた文化的再生産やメリトクラシーという枠組みを超えるトランスナショナルな動きが、高等教育が認定するメリット（才能、能力）の定義を塗り替えつつあるからだ。

本書が明らかにしたのは、微妙で、不可視な、それゆえ変化の起こしにくい自明視された（正統的な）教育的コミュニケーションを通じた階級の再生産であった。ところがそれに代わって、より大規模かつ大胆な、一国の教育政策では変化を引き起こせないグローバルな文化資本の運動（個人の有する文化的資源を、経済的価値を体現した人的資本として転換・認定するグローバルな仕組み）が作動し始めている。そこでは、人的資本に転換可能な文化的資源のみならず、費用のかかる留学経験を買い取るための家計の経済資本がものをいう。そして、英語圏を中心にした「ワールドクラス」の大学が認定する「制度化された文化資本」（学位や成績、推薦状など）が、グローバルな人材市場において経済資本（グローバルな職業機会）へと変換されるのである。

それは、本書が詳述した、隠微で、鼻持ちならない、学校言語の操作能力を通じた文化的再生産に比べ、一見するとはるかにオープンで露骨な資本間の交換である。実際には出自において恵まれた条件にある者が、より一層その優位性を確保し、なおかつ与えられる報酬においても桁違いの交換比率が用いられている。しかも、「優雅さやゆとり、自信、気品」に価値が置かれた「言語の交換」ではなく、ＩＴやＡＩ、マーケティングやファイナンスにおけるテクノロジーといった知識やスキルに高い価値（交換レート）が置かれる。ワールドクラスの大学の学歴を得るにしても、英語力をはじめ、グローバルな人材市場で評価される――それゆえ「役に立つ」と思われやすい――知的スキル（創造性や問題解決能力、批判的思考力など）が重視される。

ＭＩＴやカリフォルニア工科大学でＩＴやＡＩの高度な技術を学んだインドなまりの英語を話す「グローバル人材」がシリコンバレーで高給取りとなる。あるいはベンチャーを興して大成功する。中国語のアクセントを残した英語を流暢に操る、オックスブリッジやアイビーリーグでファイナンスやマーケティングの学位を取った中国系「グローバル人材」が、ロンドンのシティやニューヨークのウォール・ストリートで高額な報酬を与えるジョブに就く。このリストに、フランス語なまりの英語を話すフランス語圏出身の留学生を加えてもよい。彼らの文化資本が経済資本に転換される（それも高額な報酬として）際に、「優雅さやゆとり、自信、気品」

に満ちあふれた言語操作能力は求められない。それとは別のシンボル操作の能力が高く評価され、そこで認定された能力（メリット）は、経済資本（金儲け）に貢献すると自明視されている。しかも、グローバルに認定され制度化された文化資本は、より有利な条件を求め、国家を越えた移動を可能にする人的資本としても機能する。

留学段階に至るずっと以前に、すでに「ゲームは早い段階で終わっている」。だが、本書の主張とは異なり、ネオリベラリズムの思潮・言説に支えられているだけに、このグローバルなゲームについては誰も隠し立てはしない。むしろこのゲームの正当性が露骨に喧伝される。それが先に引用したような、グローバル・メリトクラシー言説である。その結果、さらなるグローバルな市場の拡大が促される。

認定されるメリットの価値には疑義が向けられない。いや、かつてブルデューらが「文化的市場の統一性」を論じるに当たって用いた言い回しを借用すれば、制度化された文化資本の「妥当性」を保証する仕組み（正当性の付与）が、一つの国民国家の制御を越えた、グローバルな市場で「流通＝通用＝妥当」するようになったと言うことだろう。ある媒体の文化的市場の統一性が高ければ高いほど、その媒体の正当性は、通用＝妥当の構造によって保証されるといったブルデューらの主張（ブルデュー＆パスロン 1991）は、今やグローバルな規模であてはまるようになったのである。

この露骨な正当化の仕組みは、不平等の生成を隠し立てしない。「ゲームは早い段階で終わっている」ことに悪びれもしない。そこにグローバルなレベルで排除のメカニズムがはたらいていることも承知の上だ。こうしたグローバル・メリトクラシーを前に、社会学者の仕事は、いまや隠された不平等の仕組みを暴き出すだけではすまなくなってしまった。

4 結語

教育における不平等生成の仕組みを、後の「文化資本」や「文化的再生産」に先駆け、学校的言語の操作能力として照射した本書は、社会移動の手段としての教育機会の平等＝不平等に焦点を当ててきたアングロ・アメリカ流の（教育）社会学の研究とは一線を画した。教育という「場」に特有のコミュニケーションの有り様が、不平等生成のメカニズムの根幹にあることに目を向けようとしてきたからである。学習や教育達成における個人の成功や失敗のメカニズムを探る、方法的個人主義に立つ社会移動研究との違いである。学校や教育制度の失敗が不平等を生みだしている（教育の平等化を妨げている）という視点とも異なる。そうではなく、言語の交換＝教育的コミュニケーションの特質に迫り、自明視されたシステムとして教育現象をとらえることで、そこに埋め込まれた不平等生成の仕組みに迫ろうとした試みであった。

ところが、ここで検討したように、教育の場面での交換や、それを具体化する教育的コミュニケーションには大きな変化が生じている。それでも、それらが一つの強固で自明なシステムを成しており、その失敗ではなく成功が、不平等を生成し続けるという点では、半世紀前に本書が到達した地点と大きな違いはない。その視点は、現在日本の教育で進行中のアクティブ・ラーニングのような教育的コミュニケーション革新の試みが孕む不平等生成の解明にも役立つだろう。

現代の教育的コミュニケーションにおいて何が交換されているのか。他の資本との交換はどのように行われているのか。その交換のメカニズムと交換のレートはどのように決められ、正当性や機能性を付与されるのか。一見、露骨に正当化されたメリトクラシーの作動に見えて、わからないことは多く残されている。だが、もはやそれを暴くだけでは社会学者の仕事は終われない。暴くだけでは、文化資本・人的資本・経済資本間の交換を正当化している流通＝通用＝妥当の構造は揺るぎもしないからである。

では、どうすれば、その構造自体を変える（少なくとも揺るがす）ことができるのか。

ブルデューらの先駆的研究がその先鞭をつけ、私たちを誘ったように、新たな理論的立脚点を見つけることが、教育や不平等の問題と向き合う社会学者には求められている。文化的再生産論がフランスという文脈において誕生しやすかったように、その新たな理論的立脚点は、日本の経験からグローバルな現象を見通すことで可能になるのかもしれない。一国内のメリトクラシーを西欧よりも早く完成させた日本は、その成功ゆえに、現在ではグローバル化との摩擦を経験している。その分、目に見えやすい齟齬や軋轢が取り出しやすい（苅谷 2017）。そこに教育の不平等の現代的メカニズムを探るいとぐちがあるのかも知れない（Kariya, forthcoming）。一度はナショナルなメリトクラシーとして先行しながら、現在では前述のグローバル化に立ち遅れている日本の経験が、研究としてのアドバンテージとなり得るのである。その立脚点を探る上で、その後のブルデューらの研究の出発点となった本書から学べることはなお大きい。

二〇一七年秋

（かりや・たけひこ）

注

（1）文部科学省『教育指標の国際比較』二〇一三年、http://www.mext.go.jp/b_menu/toukei/data/kokusai/_icsFiles/afieldfile/2013/04/10/1332512_04.pdf。

（2）入学の時点ですでに不平等が存在していることにも注意を払う必要がある。Givord と Goux の分析によれば、父学歴がバカロレア取得に及ぼす影響は世代間で減少していない。父職の影響も二〇世紀初頭生まれの世代までは減少したが、第二次大戦後生まれでは安定している。

（3）UNESCOのデータについては、Global Flow of Tertiary-Level Students: http://uis.unesco.org/en/uis-student-flow。

参考文献

大場淳（2004）「フランスの大学における『学力低下』問題とその対応」『広島大学大学院教育学研究科紀要第三部第52号』三七一―三八〇頁。

大前敦巳（2012）「フランスにおける大学の停滞と短期高等教育の拡大」『上越教育大学研究紀要第31巻』四三―五五頁。

苅谷剛彦（2017）『オックスフォードからの警鐘――グローバル化時代の大学論』中公新書ラクレ、中央公論新社、東京。

Kariya, T. (forthcoming), "Education and Social Disparities in Japan", in *Oxford Research Encyclopedia*, Oxford University Press.

Givord P. and Goux D. (2007). "France: Mass and Class-Persisting Inequalities in Postsecondary Education", in *Shavit*, Y. (ed.). Stratification in *higher education : A comparative study*, Stanford, CA: Stanford University Press (Kindle 版).

ブルデュー、ピエール&パスロン、ジャン・クロード（1991）『再生産』宮島喬訳、藤原書店、東京。

Brown, P. and Tannock, S. (2009) "Education, meritocracy and the global war for talent", Journal of Education Policy, 24: 4, 377-392.

〈新版〉教師と学生のコミュニケーション

目次

〈新版〉教師と学生のコミュニケーション

凡例

一　〔　〕で括った部分は訳者が付けた補足や説明である。

一　原文イタリック体の箇所のうち、書籍・雑誌名は『　』で、論文名は「　」で括っている。それ以外の原著者による強調のためのイタリック体には傍点を附した。

一　注は原注、訳注の順でともに段落末に収め、原注は（1）（2）……で、訳注は＊、＊1、＊2……で示している。

一　原文の《　》は「　」に、（　）はそのまま（　）とした。

一　注意を要する訳語に対しては原語を併記している。

序章

教育場面における言語と言語に対する関係

ピエール・ブルデュー
ジャン゠クロード・パスロン

この大学で一番りっぱな講義室というのは、とても大きくて、広いんです。それはすごく憂欝な感じのする古い階段教室です。それにすごく居心地が悪いんです。教授は、みんなから見える高い所にある椅子に納まっています。教授が教壇から降りて来て、学生の邪魔をするなんてことはありません。学生たちは静かに彼の話に耳を傾けていられます。だって、教授は動き回ったりしないんですから。教授の口だけが動くんです。

彼の髪は白髪《しらが》混じりで、ハードカラーのシャツを着て、プロテスタントみたいな〔謹厳実直な〕雰囲気を漂わせています。

学生の数はとても多くて、お互いぜんぜん名前も知りません。

この階段教室にたどりつくには、いくつかの階段を昇らなければなりません。そして、革張りのドアが後ろで閉まると、シーンとなってすべての音が消えます。壁はとても高くて、形の崩れた絵がハーフトーンで描かれています。〔じっと見ていると〕いろんな怪物の動く影が見えてきます。すべてが別世界のように見えます。こうして、すべてが宗教的〔儀式のよう〕に進行していくのです。

（史学科学生、女、二五歳、パリ）

ヘンリエッタとエドウィンへ*

オックスフォード、クライスト・チャーチ　一月三一日、一八五五年

親愛なるヘンリエッタ、
親愛なるエドウィン

（略）ぼくの生徒はたった一人しかいませんが、個人授業を最近はじめたところです。ぼくの授業の仕方を話してあげましょう。いちばん大事なことは、いいですか、先生が威厳にみちていて生徒から距離を保つことです。逆に生徒のほうはなるべくへりくだっていなければなりません。さもないと、なによりも必要な謙虚な気持ちがなくなってしまいますからね。

というわけで、ぼくは部屋のずっと奥に、ドアからできるだけ離れたところに坐ります。ドア（これは閉めてあります）の外に第一の召使いが坐ります。そのもうひとつ向こうのドア（これも閉めてあります）の外に第二の召使いが坐ります。階段の途中の踊り場に第三の召使いが坐ります。そして最後に、中庭に生徒が坐るのです。

ぼくたちは順ぐりに質問を大声で叫びます。答えも同じ仕方でぼくのところに戻ってきます。慣れるまでは、ちょっとまごつくこともあります。どんな調子で授業が行なわれるかというと、まあこんなふうです――

先生――三掛ける三はいくつか？
第一の召使い――アンかけるパンいくつか？
第二の召使い――天駆ける雁はいくつか？
第三の召使い――半かけの椀はいくらか？

生徒（おずおずと）――まあ、四ポンド半ぐらい……
第三の召使い――ああ、アンパンを半分くいたい！
第二の召使い――ああ、パン種がほしい！
第一の召使い――あんたはアンポンタンだ！
先生（少しムッとするけれど、がまんしてもう一つ質問を出す）――百を三で割れ！
第一の召使い――尺を寸で割れ！
第二の召使い――猫を踏んでやれ！
第三の召使い――酒を汲んでやれ！
生徒（あっけに取られて）――これはいったいなんの意味だ？
第三の召使い――それはぜったい無意味だ！
第二の召使い――おれは絶体絶命だ！
第一の召使い――出るはあっつい溜息だ！

こういったぐあいに授業は進むのです。人生も同じようなものです。

兄より愛をこめて
チャールズ・L・ドジソン
（ルイス・キャロル、『少女への手紙』）

＊ルイス・キャロル『少女への手紙』高橋康也・迪訳、新書館、一九七八年。この訳書の表題に次の注釈あり。ヘンリエッタとエドウィンは、ルイス・キャロルの妹弟で、十一歳と八歳。キャロルは二三歳、オクスフォード大学クライスト・チャーチ学寮の特別研究員として個人授業を担当していた。

我々の大学だって、特別に教師と学生の間のコミュニケーションを担当する「音響効果 bruitage」係を用意しておかないと、教育言語における言葉も〔ルイス・キャロルが描く〕この出来の悪い第一の召使い、第二の召使い、第三の召使いのような役割を果たしかねない。このように啓蒙 eclaire ではなく幻惑 éblouir のために用いられる言葉は、学生との距離を保つという点で格別な役割を果たすことになるのではあるまいか。つまり、*E longinquo reverenita*——敬意を表す距離と距離から生ずる敬意。

＊

可能な限り効率的なコミュニケーションであろうとする場合にだけ、またこの目的のためにつくられた専門的な方法と技術にもとづく場合にだけ、我々の社会の教育的働きかけ acte は、その成功を客観的に測るものとしての〔コミュニケーションの〕生産性の測定を不必要にできると言えよう。(1) しかし、試験、面接、答案の採点、テストによる測定などによって〔学生が〕実際に受容した情報量をチェックしてみれば、教育においては許容しがたい程の巨大な情報が浪費されていることが、フランスの実際の教育において、あまつさえ〔言語に習熟しているはずの〕文学部においてさえ確認できるのである。

(1) しかし、フランスにおける〕教育的行為は、その目的が伝統主義的であるばかりでなく、その教育方法もまた伝統主義的である。こうした事情では、情報伝達《コミュニケーション》の生産性の測定は不必要にはならないであろう。この点で、未だに伝統主義的な我々の教育システムに付きまとう曖昧さは、それが正当化 rationalisation と合理性 rationalité の価値に支配されている文化的コンテクストの中で機能している事から生ずるのである。

ところで、教師と学生は、教育が危機に瀕しており、この危機の責任は相手《パートナー》にだけあると決まり文句のようにくりかえしている。しかし、彼らは自分たちが抱いている不安〔満〕malaise の原因を全く理解していない。我々の教育システムに対する最もありふれた診断は、それにあるスローガンを与えて、その機能不全を耐えられるものにしようという一種の正当化 rationalisation にほかならない。もし教育的行為の多くがその目的を達成しておらず、しかもその当事者たちが反乱を起こすこともないというのが本当なら、〔大学教育に対する不満から生ずる〕呪いによってしか、また〔ある特定の〕イデオロギーによってしか告発されない理解不全 malentendu の社会的、心理的機能を問い直してみるのも意味のないことではあるまい。

今日のフランスの大学の機能を圧迫している多くの物質的困難が、その教育的関係の悪化に、決定的とも言える大きな影響を与えていることは疑いない。だが、教育的関係が一つのシステムであるということを認識しようとしないなら、現実の状態を変える transformer ことは不可能であろう。つまり、その担い手たち agents〔学生と教師〕の態度が機能的に相互に結合されている限りにおいて、また彼らの〔主体的〕態度が教育の物質的、制度的な条件との相互に因果的な関係を維持する限りにおいて、それはシステムとして（よきにつけ悪しきにつけ）機能し続けるのだ。高等教育がかくも強固に革新 novation に抵抗するのはなぜかと言えば、それは目に見える緊張と対立を越えて、おそらく高等教育がもたらす実際の安全と、この高等教育が生み出すフラストレーションとの均衡を保つように、高等教育が一つのシステムとして機能しているからである。要するに、教師と学生間の言語的理解不全の原因の研究は、高等教育がこのシステムの永続化に寄与している諸機能の研究と切り離しがたいのである。より一般的に言えば、システムにたいする〔主体的〕態度の変更 transformer を伴わないようなシステムの改革 transformer を目指すいかなるこころみも（また逆に、システムの改革を伴わない態度変更も）失敗に終わらざるを得ないということである。

言語的理解不全*

教育的行為の効果は、様々な要因（第一にランクするのは物質的諸条件）によって決定されるとはいえ、学校制度の生産性はまずもって言葉によって、言葉の中で伝達された、情報の絶対的・相対的な量によって決定される。なぜなら、教育ほどその活力《アクティヴィテ》が言語操作にあるものは他にないからである。すなわち、最も重要でありながらめったに指摘されない教育的理解不全の原因は、まさに言語の使用と使用された言語の中にあることを示すがゆえに、実際に講義で使用されている言語から作られた語彙テストは、大学教師の安心しきった確信を容赦なくあばくことになるのだ。それでも教師たちは、自分たちは〔学生に〕欺かれてはいないと強弁し、大学の伝統が作り上げた観念語 langue d'idées は反論もされずに受け入れられているのだから、依然としてそれが理解されているかのようにふるまうのである。[1]

（1）本書八二頁以下参照。

＊ 原語 malentendu は、直訳すれば「誤解」であろう。しかし「誤解」と訳すと「不注意でウッカリ間違って理解した」というニュアンスにとられる恐れがある。そこで「理解出来ていない」ことを強調して、いささか固い訳語であるが「理解不全」と訳した。

学生は、言語使用に対する技術的、学校的な要求を満たす点で全くの無能力さを露《あらわ》にする。たとえば、彼らは講義で耳にし自分でも使っているタームを定義できないのだ。さらに彼らは、厳密につくられた観念語の不適切で不正確な用いられ方に対しても、まことに寛容である。こうすることで、学生たちはタームの特質や厳密性など自分たちには関係のないことだ、という諦めからくる無関心を表すことになる。試験や学期中に学生の書いた答案や論文の語彙と構文を分析してみれば、より一層、反論しがたい言語的理解不全の証拠が示されるであろう(1)。正確には理解出来ていない、また〔生半可で〕自分のものになっていない言語によって書くよう強いられるので、多くの学生たちはそれが提供する再保険[*1]の機能という論理をもつ「絶望のレトリック」を使うことを余儀なくされる。まるで呪文を唱えたり、犠牲を捧げる儀礼のようなやり方で、学生は自分では教師の言葉の特質を最も良くとらえたと思われる比喩、図式、言葉を〔試験やレポートで〕思い起こし復元しようとする。彼らは言語学者が「クレオル化〔混成語化〕された」créolisee 言語の分析において発見するような、見当はずれで不合理な、単純化、破壊、ないし論理的再構成という犠牲を払ってこの教師の言葉を盲従に特有の執拗さで[*2]、再生産しようとするのだ。

（1）本書一三四頁以下参照。
＊1　原語は réassurance で、保険会社が巨額の保険のリスクに備えて掛ける保険のこと。
＊2　原文は、avec une obstination qu'il serait trop facile d'imputer a la servlité,「奴隷のような執拗さで」。「盲従に特有な執拗さで」。つまり、教師の言ったことが理解できないのでただ表面的な片言隻語を繰り返すことに終始すること。本質をつかんだ上で、端的に要約したり、言い換えたり、ましてやその議論の位置づけなどは出来ないので、ただひたすらうろ覚えの命題を繰り言のように述べるだけである。

こうした問題を教育における、哲学的ないし専門的な「隠語《ジャーゴン》」の使用と濫用のせいだとして片づけてしまうのはいとも簡単なことである。〔ところで〕本書の結論が依拠している調査は、哲学科と人文学科 sciences humaines の学生が実際に言語をいかに使っているかということを問題としている。おそらく、この哲学科と人文学科はその教育で使われる言語が最も秘教的で、しかも他学科にくらべて最も特殊な学問領域といえよう。哲学と人文科学の教師（と教師ほどではないにせよ学生）は、特殊な語彙の正確で的確な使い方と、厳密な文章構成法syntaxiqueを専門的に訓練されている。もしこれらの分野でさえも、言語的理解不全が大目に見られるなら、文学の教育においてはなおさらそうであろう。なぜなら、文学の教育においては当世流行の観念語から借用した語彙を使っているので、その理解不全を減らすこともなく、そうした〔専門的訓練が為されていることの〕自覚を欠いてしまいがちだからである。

なぜ教育的関係における言語的理解不全が深刻な問題なのかといえば、それはこの理解不全が言語のコードにまで及んでいるからである。もし教師が、単に学生が学習できる情報量に関する幻想〔学生はもっと多くのことを学習できるはずだ〕を抱いているだけならたいしたことではない。しかしこうした教師の無頓着さが教育的行為の効率性に与える直接的影響よりも、学生というものは教師のメッセージのコードを（知るべきだから）知っているはずだという思い込みの方がもっと深刻である。[*1] もちろん、雑音無しのコミュニケーションは存在しない。しかしこの雑音〔障害物〕は、知っている者とまだ知らない者との間に成立する教育的コミュニケーションにおいては、重大な障害となるであろう。[*2] 実際、学習は知識それ自身の獲得と、この学ばれるべき知識の中にあるコードの獲得の両方を切り離し難いものとして含んでいる。別な言い方をすれば、このコードはメッセージ解読の未熟さを次第に減らしてゆくことによってしか、学ぶことができない。拡散的な社会化socialisation diffuseないし文化変容acculturationが問題としているのは、事実上あらゆる徒弟制がもっているこの論理〔教師は明示的には学生に何も教えず、学生は体験を通して徐々に知識・技術を身につけるほかない〕なのである。しかし教育的コミュニケーションは、このコードの理解不全を方法論的に、また継続的に最小限にするという特殊な役割をもつ徒弟制の技術者techniciens〔＝教師〕にまさに委ねられているのである。

＊1　大学教師というものは、学生はもっと多くの情報量を学習しうるのに努力や能力不足のために、その情報量において期待はずれの成果しか達成していないという幻想をもちがちである。しかし問題はそれだけではない。もっと重大なのは、教師の言わんとする潜在的意味（コード）を学生は理解しているはずだという思い込みである。この方が実際の教育的行為では深刻な影響を与えているのである。もっとも教師自身が、自分のコードを自覚していないこともあり得るのだが。

＊2　これは「教育的コミュニケーション」の特質と見てよいであろう。つまり「教育的コミュニケーション」とは、既知の者と未知の者との間に成立するコミュニケーションなのである。

不完全なコードの知識につきものの雑音 bruit を減らし、また最良で迅速にコミュニケーションのコードを伝達することにあらゆる手だてが尽くされるときにのみ、ある関係は教育とみなされる。〔だから〕雑音を減らすための明示的で組織的な努力がほとんど見られず、また〔コードの〕学習効果が少しも表れないので、大部分の学生はそれを避けがたい悪だとして甘受してしまうといった事実、これらはそれだけで十分〔教育的関係における〕アノミーの兆候だと言えよう。[1]

（1）こうした関係においては、説明や定義において特権的地位を占める、高度な哲学教育が語る微妙なニュアンスを理解しなければならない。実際、哲学教師には隠然たる哲学があるのだ。彼らの哲学は、もっぱら哲学言語との一定の関係で表現される。「哲学言語は一つの全体である。それを定義することは分割 morceler を意味する」。「ラランドの哲学辞典では、何も解決にはならない」。「哲学的語彙は、子どもが言葉を学ぶように徐々に浸透するように身につけるものでなければならない」。実際のところ、こうしたイデオロギーは、具体的な語彙と抽象的な語彙を結合する関係（前者から後者への移行は、説明も練習も伴わない徒弟的訓練によって為される類《たぐい》の関係である）と日常生活の一般的 *diffus* 語彙と科学的言語の特殊な語彙を結合する関係の混同にもとづいている。この科学言語は、言葉の文脈上の「位置付け」では獲得できないものである。科学言語は、日常言語の広く漠然とした象徴化に抗して人為的な意図によって厳密に定義されるものである。

教育的コミュニケーションの生産性を測定しようとすることは、それ自身の尺度で自分〔＝教育的コミュニケーション〕を測定をすることを意味する。「教育」の名に値するか否かは、合理性 rationalité に照らして自らを規定するか否かに、またコミュニケーションの手段を合理化しようとする意志の如何にかかっている。最も効率的な教育とは、最短の時間で（また最小のコストで）最大量の情報を伝達できる教育というだけではなく、教師によって伝達される情報の大部分が、実際に〔学生によって〕受容される教育でもあるのだ。従って、教育的コミュニケーションの生産性は、まずは次の関係式〔第一式〕で測定することができる。すなわち

$$\frac{\text{AによってBに発信された情報の量}}{\text{BによってAから受容された情報の量}}$$

あるいは次のような関係式〔第二式〕において測定される。

$$\frac{\text{AによってBに発信された情報の量}}{\text{AによってBから受容された情報の量*}}$$

＊ 一見すると第一式と第二式の違いは、わかりにくいかもしれない。しかしよく見れば分かるのだが、その違いは第一式と第二式の分母にある。たとえばA＝教師、B＝学生とした場合、この第二式の分母で言う「AによってBから受容された情報量」とは、つまり「教師によって受容された学生から発信された情報量」と言うことになる。

それはいわば学生の教師への反応であり、生徒が教師から実際に受け取り、再現できた情報量を意味している。これに対して第一式の分母は、生徒の理解度や吸収度を形式的、潜在的に表しているに過ぎない。第二式の分母のように、たとえばテストや学生との対話を通して確認された学生が実際に発信できた情報量こそが教育的コミュニケーションの生産性を表していると言うのである。繰り返せば、第二式の分母は「教師の発信した情報」つまり「学生に教えたこと」を意味しており、学生が教師に回答＝返すことのできる情報量であり、学生が教育的コミュニケーションによって身につけることのできた情報量、もっと分かりやすく言えば「教育効果」そのものを意味している。

〔学生によって〕受容されたメッセージの点検や確認のために、教師に向けて再発信《フィードバック》する学生の能力を把握している第二式のほうが、より正確に教育と形成 transformation の行為の成功を測定できると思われる。だがどちらの定式も、教師と学生以外の存在を無視するという条件の下で、教育的行為の達成度を表現しているにすぎない。とはいえ、（たとえば、〔学校の〕指導要領への配慮による、あるいはまたいずれにせよ獲得しなければならない情報の絶対量の要請による拘束に、教師と学生の注意を促すなど）様々な客観的拘束によって規定されている現実の教育的状況においては、〔情報の〕高い吸収率は誇りうるが、吸収される情報の絶対量がいかにも少ないある種の非指示的教育のように、〔情報の〕損失を最小にするために学生のために発せられる情報の絶対量を、際限なく減らすことに満足するわけにもいかない。コミュニケーションの生産性を問うということは、現実の教育システムの言語への関係がずっと避けてきた教育の問題を、正確にまた完全に提起することになる。実際、教育的コミュニケーションはその達成を要求される、またどちらか一方を完全には犠牲にできない矛盾した二つの必要 exigences のシステムである。第一のシステムは、発信される情報の絶対量の最大化（これは、冗長性 redondance を減らすことを意味する）である。第二のシステムは、情報の消失を最小限にすること（これは、〔第一のシステムとは〕違ったテクニックによって、冗長性を要求する）。* 言語の最適な使用のためには、発信者と受信者の間にある落差を知っておくこと、また受信者が用いるコード（社会的出自や学歴によって異なる）を知っておくことが必要である。

＊　ブルデューらがここで用いている「冗長性 redondance」は、情報科学の概念を念頭に置いていると思われる。情報通信では、電気的雑音による通信データの誤りを防ぐため1ビット余計に情報が付加されている。この余分な符号を「冗長符号」といい「通信データや演算データの誤りの訂正、検出のためにデータ符号に冗長的につけられた符号」と定義されている（小菅敏夫監修『最新情報科学用語小辞典』講談社、一九九五年、二五二頁）。余分につけられた符号ではあるが、その目的は正確な情報の伝達にある点に注目しておきたい。

だが、こうした完全で首尾一貫した教育目標を再構築しようとするこころみは、ユートピアと見なされてしまう。なぜなら現状では、こうした教育目標から生じる諸要求はもちろんのこと、コミュニケーションの生産性を最大にしようとする目標でさえ、言語にたいする伝統的な関係とは両立できないからである。音楽における主題の変奏のような伝統的な冗長〔音楽的主題の繰り返し〕と、たとえば定義の形態のような意識的で計算された反復のような合理的冗長との間には、あるいはまた言い落としやほのめかし〔言外の意味 sous-entendu〕といった省略や凝縮性への配慮による簡潔さの間には大きな隔たりがある。(1)＊

（1）名講義をしている教師にとっては全く嫌なことではあるが、伝達のコードを講義の最中に明示化すること、つまり継続的な定義は、次のような教育的意図を意味している。すなわち、教師は学生たちが知っているコードでは伝えることができないものなのだが、学生たちが既に知っている易しい言葉で伝えることであり、入門でしかやらない類の説明なのである。

＊　つまり、ブルデューの理想的な教育的コミュニケーションでは、音楽の作曲技法のようにいくつかのテーマ（中心となる旋律、モティーフ）を様々に変奏することで繰り返し訴えるやり方をとるのに対して、教育における伝統的な言語の用い方は、これとは逆で、言葉の定義のような意識的、合理的な「冗長性」であり、省略や簡潔さを特徴としている。それは、いわゆる「簡にして要」を特徴としている。つまり実際の教育現場では、学生がわかるま

で様々な角度から、意を尽くし、繰り返し語ると言った言語習慣を持たないのである。説明もなしにいきなり、「それは端的に申し上げて……」、あるいは「……に尽きると申し上げても過言ではありません」と切り出す大教授の口吻を思い起こしてほしい。日本語でいう「冗長性」は、余分あるいは過剰を意味し、また単なる繰り返しやくどさをその語感として含んでおり、いい意味で用いられることはないと思われる。しかし、*le Robert quotidien*(1996)では、redondance の本来的意味を次のように定義している。「(1)同じことを様々な形態で、あるいは様々な側面から繰り返しいう表現方法。(2)別の形態で所与の情報を伝える文字。→情報科学:それに対応する情報量を増大させることなく、メッセージの文字数を増やすこと。用例:冗長(redondance)は通信における、点検と安全のために使用される」。(1613p.)(1)は日本語の意味よりは、積極的意味を含んでおり、「余分」や「繰り返し」というよりも「付加」あるいは「補完」を意味し、ブルデューのあげた音楽の例に近いと言える。

専門家のエスノセントリズム

同様に、教育的行為の目的やその効率性を高めるための条件を明示化しようとするこころみは、大学の教育哲学と直ちに矛盾することになる。この大学の教育哲学は、こうした反省的な教育観を高度な教育レベルで教えるものとしては「幼稚な《プリミティフ》」ものだとする傾向がある。なぜ大学が反省的な教育実践を拒絶するかといえば、教師の職業的役割にとって好都合な文化的エスノセントリズムへの信頼と盲信でがんじがらめになった学生の認識を当てにできるからである。学生はわずかな知識しか持ち合わせていないので、教師が職業柄そう思いたがっている最も悲観的なイメージに確証を与える以外何もできないのだ。つまりこの悲観的なイメージによれば、学生は教えられたことを何も理解していないし、学生は最良の理論を無理矢理、奇怪な論理や突拍子もないものに変えてしまう、というのだ。これはまるで学生の役割が、教師が惜しみなく与え続けた努力が無駄であったことを確証することにあるかのようである。こうした努力は、教師の職業的良心によってなされるのだが、その醒めた部分ではそれ〔無駄とは思いつつなされる努力〕が教師自身の長所を一層強めることになるのだと意識されている。* 当然のこととして教師は、教えるべきことを教える。そして彼に報いられる僅かな成果は、ほとんどの学生は教師が苦労して教えるに値しないという確信を強めることにすぎない。(1) 実際、教師は学生とその「本質的 naturelles」無能に絶望しているのだ。「善良な植民者」が、現にあるもの以上には期待しえない「現地人」に絶望するのと同じように。言語的理解不全との闘争のこころみが、教師の側にはまったく見られない理由の一つは、おそらく教師にとってこの理解不全は、本質的に最悪の受信者による〔教師の〕最良のメッセージの〔学生による〕最悪の受容という状況の為せる業《わざ》と見えるからである。

(1) 理解不全をもたらす教育的実践に対する反省的回顧は、ほとんど希にしかなされない。「学生は我々の言ったことを理解していないし、それは我々の責任だ」という言葉は、決して教師には期待し得ないものである。語彙テストでの学生の成績の悪さを知ったとき、多くの教師が示す関心は、まったく両義的なもの〔呆れ、嘆くと共に、それ見たことかニンマリすること〕である。ほとんどの教師は、ある種の邪悪な歓びとともに学生の無理解をこのテストの結果に見出すのだ。まるで学生の言語的理解不全が、かねてからの自説を正当化するためにあるかのように。

* 大学教師は、無駄と知りつつ学生に惜しみなく教えているのだと思うことで、職業的良心に慰めを与える。教育効果が上がらないにも関わらず、教育的努力を能う限り自分は続けているのだと思い込むことで職業的良心を高揚させる。しかし、本当になされるべき努力は学生に情報を正確に伝達することにあるはずだ。大学教師は出来の悪い学生を前にして、自分の努力が報われないと慨嘆することで自己満足に陥る。これがブルデューがここで言いたいことであろう。つまりそれは、ブルデューの「反省的社会学」が暴き出す大学教師の「虚偽意識」なのである。学生は「大学知」に対する権威主義的盲信〔大学の先生は難しくて分からないことを教えるものだ〕によって、教師の「虚偽意識」の引き立て役を演じている。

おそらく、教育的関係というものは、専門的知識のレベルの違いによって規定され、知識の量的な不平等さだけでなく、根本的に違う知的・職業的実践によっても、分けられるパートナーの出会いの場なのである。初心者と専門家は、仕事や資格への野心についての、完全に同じ表象をもつことはできない。そして、学生の期待と教師のふるまいの間にしばしば不一致が生じるのは、このためなのである。たとえば、教師は、推論の進め方や方法、そして作品の構造を、端的に言えば「形式」を重視する。これがまさに教師にとって、自らの教育の価値や知的関心事であり、彼らの教育の文化との関係をなすものだからである。他方これに対して学生は、それが（文学と哲学における）作品の「情動的」側面であれ、（人文、自然諸科学における）単なる成果であれ、とにかく「内容」を求めるのである。青年期に特有な価値観は、カリスマ的ないし伝統的な教育、すなわち、体系的な身の処し方 **status totaux** を準備する総合的教育〔全人教育〕を期待する傾向がある。意識するにせよしないにせよ、実に多くの学生が（とくに文学の）教師に、「知恵の師」、ないし人生の道を教える「グル〔ヒンズー教の導師〕」の役を割り振っている。「知恵の教育」やいわゆる「知恵の師」、人生の「生き方を教える」ような教育に心惹かれる、形而上的な年頃にありがちな期待は、ほとんどいつも裏切られる。なぜなら人生についての〔学問的な〕話というものは、話として語られるだけなので、またその〔教室という〕場で語られるだけなので（現象学的な意味で「ひとまず括弧に入れられて」）「中立化〔宙吊りに〕」されるからである。* 学校における「偉大な教師」なるものは、彼らの教育にカリスマ的精彩を与えるが故に、この青年期の不安を満たすことを受け入れる人々なのである。もし学校の思い出に残っている「偉大な教師」の多くが、哲学の教師ならば、それはリセにおいて、全ての条件が（すなわち学生の年齢、教員養成、リセにおける哲学教師の地位、カリキュラムと授業時間）が相俟って、非－日常的な威信を哲学教師とその教科に与えるからである。フランスの教育に特徴的なこのような出会いは、文化における徒弟制の価値が奨励されているときにのみ、ポジティブな役割を果たすことはいうまでもない。同様の理由により、文学部における教養課程の一年が、このタイプの教育的関係に当てはまると言えよう。しかし学生は、より専門的な教育課程に進むとより一層戸惑うことになる。(1) 学生と教師の間では、ただ相互に相手を理解していないという点での共犯関係だけが、相手の価値に対する論争関係と同時に、自分の価値に対するイデオロギー的関係を正当化するのである。要求する学生は、リスクを負うこともなく、彼らの諸要求を教育的理想に仕立て上げることもできようが、しかしそのことは、彼に〔素朴な疑問などの〕アマチュアリズムを諦めることを要求するだろう。他方、伝統主義的教師は、要求の充足手段を学生に与えることもなく、すべての教育の本質である要求する権利を要求している事実へとすり替えてしまう。

(1) 学生の期待が、全体的な知への郷愁を放棄せずに、実証的なものとなる可能性もある。とりわけ「実証的」学問分野である人文科学では、その可能性もある。かくして、人文科学の学生に、方法の吟味や理論的討議に拘泥することなく、教育を申し分のない結果や議論の余地のない技術に対する権利として要求させることもありうるのだ。だが、別種の絶対的確信が強調するこの種の期待は、周知のように、〔現状の〕高等教育が提供するものと矛盾することになる。

* 付論「教師と学生のコミュニケーション」の二一二頁を参照されたい。

階級的エスノセントリズム

教師の自己確信 certitudo sui の隠れた原動力、つまりこの階級的エスノセントリズムは、こうして教師と学生の両方から見逃されてしまう。二次的教育〔家庭教育に対して学校教育〕ないし高等教育では、大学や学問の伝統によって磨き上げられた観念語や、暗示 allusion や文化的共犯関係という二次的言語、つまりはすぐれて人工的な言語は、知識人や「天賦の才に恵まれた」者にとっては自然なものである、とみなされる。あるいはそれ以上に、知性の自然的言語である学者的言語の操作能力や理解能力は、優秀な学生をその他の者から直接区別するということも、当然なこととみなされる。教師は、この職業的なイデオロギーのお陰で、こうした〔言語操作能力に優れた学生は優秀だといった〕学校的判断を厳密に公正なものだと考えることが出来るのである。だが実際には、この判断は大学教師の文化的特権を支えているにすぎない。言語は、個々人の出自に負っている、最も力 agissante があり、かつ捉えがたい文化的相続財産である。というのは、言語は、単なる言葉の集積ではないからである。言語は、構文法 syntaxe として、移調可能な精神的原理を生み出す。この精神的原理は、我々の経験のすべてを、特に、社会と文化の見方を支配する価値と緊密に結びついている。この原理はまた、〈格式張った／自由な、不自然な／自然な、つつましい／節度のない、といった〉言葉との最初の関係をも含んでいる。(1)

(1) 口頭試問での話し方を観察して見ると、教師によって認められ、高い評価を受ける流暢な話し方のあることが分かる。それは屈託のない〔自然な〕話し方であり、語調《トーン》が一定している。しかし、こうした話し方は庶民階級や中間階級の学生にとっては、饒舌さや語調の不統一に陥ってしまいかねない、大学言語の規則への従属を強いるものなのである。押し付けられた話し方から生ずる不安に満ちた偽の流暢さは、教師の目に下品な話し方だと疑われないようにしようという意図をはしなくも露呈してしまうのだ。教師は、口頭試問そのものの目的である言葉のやり取りに特別の価値を与えている。

大学言語が、〔今や〕大部分のフランス人にとって死語となっており、また教養ある階級の子弟にとってすら母語でないとすれば、大学言語は、それぞれの社会階級が実際に話している言語とは、非常に不均等な距離をもつことになる。そんなわけで、教授法 la pédagogie を拒否することは、大学言語を前にした義務において平等な学生を想定し、同時に、天賦の才という理屈で、数々の不平等、なかでも社会的不平等をもたらしているという非難を受ける事になる。庶民階級の子弟は、学校以外では、文化的作品との接触をもつことはない。それゆえ、彼らにとって文化についての教育はいつも、未知の文化との遭遇を意味する。家庭の言語と学校言語が余りにも懸け離れているので、大学は「生活の外だ」、あるいは先生のいう事は日常生活となんの関係もないという感じを強める事になる。それは彼らが、先生のいう事を非現実的なものにしてしまうような言語で話さなければならないからだ。「磨かれた châtié」言語が使われる教室の世界は、家族の世界や、(主に地方の下層階級の子どもたちが集まる)寄宿舎の世界とさえ対照的である。この分裂は、興味の中心領域からまさに語っている言葉そのものに至るまで、生活の全領域に及んでいる。そしてこの〔学校言語と日常言語の〕分裂は、二分割〔された世界〕と排除の甘受という形で、体験されるものに他ならない。この問題が主として中等教育の段階で起こるということは間違いない事である。というのは、庶民階級の学生は、まだ大学の学部では希であり、最近の状況では、彼らが大学へ進学できたのは、特に教育言語への適応に成功したからである。学生の環境は、観念語の修得に有利な二次的言語環境を作り出すと思われる。[1] しかしながら、いかなる大学進学の民主化も、コミュニケーションの技術を合理化する明示的な努力を伴わねばならない。さもなければ、言語的理解不全や無教養の問題を深刻なものにするであろう。言語や文化の理解不全は今日、大学進学の民主化が留意しなければならない点であるが、残念ながら中等教育においては、今のところ分析されていないし、またその克服に体系的に取り組まれてもいない。

(1) 更に、次の点も見逃されてはならない。観念語の濫用や教師の言葉の受け売りは、学生が言葉を理解しているという幻想を強めかねない。学生たちは、「弁証法的」とか「理念」「構造」「超越論的」「イデオロギー」といった難しい、大袈裟な言葉を好んで使っている。

教育における理解不全の原因をさぐる研究では、直接的で無媒介なやり方では把握し得ないような要因を(しかも粗雑な分析方法で〕探ろうとする傾向がある。おそらく、粗雑で総合的な社会学がなしうるのは、こんなところであろう。〔教育上の理解不全を説明する際、〕よく世代間の文化的ギャップが引合いに出される。それは、おそらく単に教師の年齢に起因する文化的慣性〔後の言葉でいう、文化的履歴現象〕が絶えず増大する文化的ギャップを生み出すということ（暗黙にまた無根拠に）を前提にしている。文字通り、教師と学生を〔直接〕対置させることの種の説明は、その表面的な妥当性を〔当世流行の〕黒の革ジャンを着た金持ちの不良少年たちをいつも共通の話題にするという事実によって根拠づけている。つまり、「先公 prof.」は「時代遅れ」だ。それに、くどくどと同じことを繰り返している。そして教師たちは「古臭い」カリキュラムに忠実なので、教師よりは若者に理解のある父親たちがなんとか免れているような嘲笑を買ってしまうのである。しかし、もう学生を理解できないし、また学生が自分のことを理解していないことが分からない教師自身も、ほとんどいつも、この安易な〔ジェネレーションギャップによる〕説明に逃げ場を求めるのである。教師たちは「我々の時代」には、本物の文化に興味をもっていたし、本を読み突き詰めてものを考え勉強したものだ、と述懐する。しかし学生たちは、その博識と情熱を映画やジャズに対して示すのがせいぜいなのだ。[1] 要するにこうした説明によれば、文化的な価値とモデルにおける教師のと学生の間にある明白なギャップは、単に、急速な社会の変化に教育システムが追いつけないこと、つまり「文化的遅滞」によるというのである。

（1）同様にある社会学では、コミュニケーションの現代的手段、つまり新聞、ラジオ、映画、テレビを、文化財の主要な伝達手段として用いている。しかし、伝統的な教育は生きた文化の痕跡や切り取りでしかない文化を伝えているだけである。学生の文化的趣味や実践に関する調査が明らかにしたところでは、学生のジャズや映画における博識ぶりはごく希であり、むしろ多くの学生は学校的世界に適応している（参照――ブルデュー、パスロン『学生と学業』、『ヨーロッパ社会学センター雑誌』一号、ムトン社、パリ、一九六四年、一〇九―一一九頁）。

ところが実際には、若者のサブカルチャーと教養ある階級の大人の（従って教師の）文化との距離は、その若者の出身階級によって異なっているのだ。上流階級出身の学生は、そして学校的正統性からは最も懸け離れた領域においてさえも、学校が要求、あるいは奨励するような習慣にほぼ近い学識や広い嗜好への性向 dispositions を示している。これに対して、庶民階級と中間階級出身の学生は、様々な仕方で示されるその文化的善意にもかかわらず、多くの場合、大学のシステムとその要求への適応に失敗する。つまり、世代間のギャップというものは、実はその形態と深刻さを、それが隠蔽している社会階級間のギャップに負っているのである。教師は、自分の学生の中に、庶民階級や中間階級の青年に特有な嗜好と興味関心を発見し、自分が「旧い世代」の一員だからではなく、むしろ自分が教養ある階級の出身であるため、これに面食らってしまうのである。(1)

（1）「学生たちには、もうフランス語は書けない」、せいぜいのところ、学校的フランス語しか理解しようとしていない。教師たちは、こうした確信をもっているので、現実の変化を分析してみようなどとは思わないのである。教師たちは、漠然とした、神秘に包まれた過去に理想的な教育の条件を求めるので、「今やもう……だめだ」と言って現実の変化に真面目な関心を示さないのである。一世代を経過した今や、教育の社会的基盤が一層拡大したので教師は学生の理解不全にそれだけ敏感になっている。こうした理解不全は、初等教育の段階よりも中等教育の段階で一層よく見られる現象となっている。中等教育の段階では、教師は高等教育よりも広い出身階級の生徒を教えているからである。

*

だが、教師による教師的言語の自信に満ちた使用は、意味論的な霞〔教師の言っている意味が分からない〕にたいする学生の寛容と同様、偶然的なものではない。よく分かってもいないし、またうろ覚えでしかない言葉が、いつも、それに慣れ親しんでいるという意識、あるいは少なくとも、どこかで聞いたことがあるなあ déjà-entendu という感じを与える文脈で表れるという事実のほかに、教師的言語の体系は、空間や儀礼的、時間的な場をともなう、教育的状況に他ならない文脈で用いられている。そしてもし、教育的幻想を捨てよという教師の孤立した自発的な努力が、学生たちの共感的反応を呼ばないとしたら、それは、言語的理解不全とそれを永続化する最も影響力のある条件が、まさに、この教育制度自身に深く根差しているからである。教育の実際の組織における全ては、すなわち講義室の形や配置、受講者数から、試験制度やその評価基準に至るまで、また試験のための練習問題やカリキュラムの組織化に至るまで、教師と学生のあいだに距離をおくことを助長しているのだ。

空間と距離化

このような教育的行為の最も外的な側面、つまり教育的行為が行われる空間に至るまで、その固有な仕方で、この距離化の論理を表さないものはない。教師がたとえ拒絶してもそれに拘束される他ない物理的条件、また学生たちとの距離を保ち、尊敬を得ることができるような物理的条件は、制度が教師に提供する空間の特殊性（教壇、椅子、受講者の視線が集まる場所）にあるのだ。空間的には、教師を聖別する椅子に押し上げられ、囲い込まれて、彼は数列の空席によって聴衆から隔離されている。この空席は、言葉の超自然的な力 *mana* の前に沈黙する門外漢が、おそるおそる物理的な距離を保っており、行儀の良い熱烈な信奉者か、教授的言語への敬虔な信徒たちによってしか埋められない。*Deus absconditus*〔隠れた神〕であり、遠くて触ることができない存在であり、不確かで怯えさせるような「うわさ」（それはすべて教師にまつわる神話なのだが）に取り巻かれた教師は、実際には、演劇の独白や名人芸の披露のような押しつけがましさなどより一層強制的な、ある客観的状況によって隔離されているのである。(1) その〔教師の〕椅子は、それが何であれ、そこに坐る者のイントネーションや、言葉づかい、話しぶり、演説の身振りなどを捉えてしまう〔立派な椅子に相応しい話し方になってしまう。椅子の物神性〕。かくして、学生がこの椅子を説明する時、彼は教師の話し方を引き継いでしまう。同じような文脈が、あまりに強く学生と教師のふるまいを支配しているので、彼らの間に対話を打ち立てようというこころみは、すぐに幻想や茶番劇に堕してしまう。聴衆への質問は、多くの場合、説明の手段であり、一息つくためのものでしかない。教師は、学生の参加や反対意見を呼びかける事もできようが、実際には、こうしたことが起こる危険はないのだ。ある学生は、それを次のように表現している。「先生は、『分かりますか』と我々に訊きますが、実際には、分からないという答えは認めないのです」。何よりもまず、まるで信徒が教会のミサで果たさねばならない役割のように、学生は、ほとんどの場合、儀礼的な返事〔répons：カトリックの応唱〕をしなければならないのである。

(1) 伝統的な大講堂の壇上に置かれたクッション付きの閉じられた椅子は、教師を高みに上げるだけでなく、〔教師を〕「隠す」ものである。実際、学生からは教師の上半身しか見えないのであり、学生たちの視線を顔つきやせいぜい唇、つまり発声器官に集中させるにすぎないのである。

学生は時折、（円卓、公開討論、「非指示的」教育などを掲げて）この教育的空間の打倒を訴えたりする。それでもやはり、彼らの根本的なスタンスにおいては、学生は伝統的な教育状況にしっかりと結びつけられたままなのである。この伝統的な教育状況が、彼らを保護しているからであり、彼らに学校的振舞いの数少ないモデルを提供しているからである。教育方法の革新はにわかに出来るものではないので、大部分の学生はイマジネーションの中においてさえ、伝統的コミュニケーション空間に忠実なままでいる。その本当の革新を概念的に把握できないので、彼らは単なる物理的な快適さや、先生がもっとよく見えるようにするとか、よく聴こえるようにするとかいった希望に止まっている。こうした技術的な配慮は結局、教師の特権的状況を正当化するのに役立つだけである。[1] 学生の大多数は、伝統的な空間配置を好んでおり、ごくまれに円卓が採用されるのだが、これは大胆なこころみとも言えるが、後では決まって後悔することになる。ある学生たちは、公然とこの点で保守主義を要求し、自分たちの独立性を保証する距離を保とうとする。これは、学生の大部分は、円卓といった革新を選ぶのではなく、教師と学生間の討論をより自由にするといった、適度に敬虔な要求で満足している。最も革命的な態度に関して言えば、結局それもユートピアと自称する他ないものに陥るか、さもなくば、お粗末にも、伝統的教育関係に回帰することでこのユートピアを否定してしまう。

（1）本書の付録には、未来派の外観に隠された、教育に対する適応主義の事例が示されている。マルセル・マジェにならって「村のテスト」を行っている。このテストでは、「あなたの理想とする講義室を描き、その理由を述べよ」と指示してある。

〔教育改革への〕イマジネーションが、既存秩序への関わりから自由になれないとしても、それを満足した受容の印と見るべきではない。ある学生たちは、理想の講義室として、中心に教師がいるような円形教室を提案している。おそらくこのプランは、その多義性によって、学生が教師と結んでいる関係についての真実の一面をしめしている。ある意味では、この円形教室のプランは、結局、より多くの学生を講義する者に近づけようとするこころみの空しい表れと言えよう。この円形教室は半円形の階段教室をイメージの上で完全にしたものにすぎないが、この学生アンケートからの抜粋では、攻撃的なアイロニーを示すプランの例が多く見受けられる。

「要するに、円形劇場のような講義室。利点。親密さを増す。先生がずっと身近になる。接触が、より直接的になる。そして先生は、いつも学生と向かいあっているのではなく歩き回るので、学生は寝ていられません。それにおまけに、学生はいつも、先生が、燃える小枝の輪のなかのサソリのように、最後には自分自身を毒針で刺して終わってほしいと思っている。[1]（もし、先生がサソリを演じたくなければ、）学生の生来の残酷さから逃れようと空しく努力し、自分の狂気が進行するのを見て、先生は自分を慰める」

（1）このイメージについて言えば、小学生の歌が思い起こされる。「バカンス万歳。罰ゲームだ！ ノートは火の中、先生を取り囲め！」

円の中心にいる教師は、囲い込まれた教師でもあり、取り巻かれた教師であり、円の中で回る教師である。囲い込まれた教師というテーマは、パリの学生の回答の中に多く見られる。パリでは、学生数が非常に多いので、教育的関係がよそよそしいものとなりすぎて、ほったらかしにされたという感情がしばしば口にされる。この〔閉じ込めの〕イメージは、学生の示す受動性が、潜在的な積極性を排除するものではないような、あるシステムの真実をとらえているのだ。教師との関係の情緒的色彩は、常に父との関係を復活させる傾向があるという事が正しいとしても、さらに他の隠れた要因が深く関係していることを忘れてはならない。これら〔の要因〕が、特に知識人の場合、その知的な個性の構造を作りあげるのである。[1] 実際、教師というものは、社会的に承認されたヒエラルキーを確立する者に他ならない。どう言おうとも、これらの知と文化のヒエラルキーに対して、無関心でいられる人はいない。従って多くの学生は、個人的救済となる価値に賭けることになる。この価値が、学生たちの職業上の将来や社会的成功を、また他人からの尊敬と自尊心のための自己評価を規定しているのだ。[2]

(1) フロイトは述べている。「今や、教師と我々の関係が明らかになる。学生の本当の父親ではない人間が、我々にとって父親の代理となる。我々にとって教師は、たとえ年は若くても、成熟しており、近づきがたい大人だからである。子どもにとって全知全能である父親が我々に吹き込む希望と尊敬を我々は、教師に与える。家庭で父親に接するように、学校で教師に接するのだ。我々は家庭で経験済みのアンビバレントな感情を教師に抱いている。こうした子ども時代と家庭生活との深い関係なしには、我々の教師に対する振る舞いを理解することはできない。もはや他の理由を探す必要はないのだ」(「ギムナジュームの心理学」『フロイト全集・第十巻』二〇四頁)。こうしたアイデンティティのメカニズムは、学生の答案に特徴的な道徳主義を説明できる。学生たちは、どうしようもなくなると、大量の武器の中から無意識に教師に対する期待と最も両立しやすいものを選択するのである。つまり、民族の知恵の保持者である自分の父親がいつも家のテーブルで言っていた理屈っぽい、適当な言葉を選ぶのである。

(2) 教育的関係がもたらす正当化の多様性と多義性は、これが担っている〔家庭からの〕情緒的な影響を見事に証明している。社会的行為者(学生、教師、ジャーナリスト、行政担当者、「生徒の父親」)は、情緒的に中立な判断を、ましてや中立的な〔時代〕診断をなし得ないのである。なぜなら、少なくとも我々の社会では、学校的関係に参加せず、学校やそのヒエラルキー、重層的な決定(卒業資格だけがその痕跡ではない)と関係を取り結ばない者は、主体(sujet)とは言えないからである。

このような空間が、その法則を強引に押しつけるのは、空間それ自体が大学制度全体と連関しているからである。それはおそらく、この空間が価値を物質化するからであろうし、また大学の伝統にその好む環境を与えるからであろう。しかしながら制度的関係が〔その好みによって〕作り出した慣性は、現実の空間よりも一層リアルな、仮想空間を生み出すことによって、他のタイプの空間の組織において再現されることになる。それゆえ、円卓でのゼミといえども、他の全ての点で伝統的なアイデンティティを保持している大学においては、期待と注意が一人の個人に集中する点では何ら変わることがないのである。それは、話すという特権と他者の発言をコントロールするという特権をもっている教師の地位を、示す象徴に他ならない。

言語的理解不全における共犯関係

実際、一つの特殊歴史的所産であり、具体的組織である教育システムは、全て、教育者と被教育者の間のコミュニケーションとして表わされる。理解不全と、理解不全が存在しないという幻想とは、不可分の対をなしている。というのは、大学進学の現状では、どんなふうに教育を統制しても、またどんなふうに教育を組織しても、コミュニケーションの崩壊と、そんなことは起こっていないとする神話が、学校制度それ自体の論理（病的とさえ言える）につきものだからであり、またこの論理がその永続化に貢献しているからである。教師と学生は、不利益を覚悟の上ならこの教育システムと関係を断つこともできようが、このシステムにとどまる限り、彼らの態度と行動は、このシステムの論理を表現することになる。教師は、自分の安全の一部を放棄すること〔退職すること〕によってのみ（他のもっと合理性をもった組織が見つかるという確信はないので）、誰も聞いていない独り言のような講義をやめることができる。学生は、この独り言のような講義に対しては、口先だけで反応するにすぎない。それゆえ、教育的状況（そこでは講義者と学生が状況を選ぶ以上に、状況が講義者と学生を選ぶのだが）を表現する論理によって、教師と学生は教育的コミュニケーションにおいて、どれだけの情報量が実際に行き渡っているかを過大評価することが義務となるし、この目的のため、隠蔽によって理解不全を維持するに最もいいテクニックを用いることが義務となるのである。もし、教師と学生が、教育的関係を真の対話にすることを諦めてしまったからと言って、それは真の対話に憧れ（ソクラテスへの郷愁が示すような）をもっていないという事ではない。むしろその理由は、統制された情報の交換〔対話〕が発話《パロール》技術の操作を、また他者の発話、ないし自分の発話と関係をとる技術を前提としているからである。しかもこうした技術は、徒弟的訓練によってしか獲得されない。

教師の独演と学生の試験での孤軍奮闘〔孤独な点で共通〕、「知りうるすべてのこと」を語る教師の名人芸的な講義と学生の答案の冗漫な一般論〔量の多いことで共通〕と同様に、説教壇からの尊大な講義と学生の小論文〔答案〕は、機能的な対をなしていると言ってよいであろう。水平線もなければ岸もないような今日のカリキュラムを明示的で限定的な要求 exigences に、論文試験 dissertations をもっと厳密で正確な練習問題に、また漠然たる基準によって評価される文化主義的な試験を試験学 docimologie によって吟味された測定に取り替えるなら（これらの改革は、全て機能的に連関している）、〔現状の〕教師の講義が理解され、生産的であるといった幻想は、たちまちのうちに雲散霧消してしまうであろう。大学制度は、こうした〔幻想を破壊される〕窮地の機先を制することができる。というのは、一方で学生と教師は大学がいかにあるべきかを問うことに理論的、長期的には興味をもっていても、他方で彼らは同時に、自分たちがそこで行動しなければならない状況、また自分たちが作り出されている状況において、死活にかかわる機能を果たしている幻想を温存することから実践的、短期的な利益を得ているからである。教師にとって、自分の言葉に対する学生の理解度を正確に測定することは、合理的な要求 exigences に基づいて、教師自身が測定されることを意味する。しかし教師は、これらの要求に応える体系的で専門的な訓練を受けたことがない。他方学生の方は、こうした要求を明示化し、より正確に学生の成果を評価しようとするあらゆる努力をおそらく厳格さと厳しさの増大と受け取るに違いない。その上、自分の言葉の権威を振り回したりせず、体系的で明確な説明に努める教師は、学生の目からすれば高等教育に迷い込んだ小学校教師と見なされてしまうのが落ちであろう。たとえそれが、本当の必要 besoins や口に出しては言えない期待に答えるものであっても。あるいは、こうした場違いで突飛なこころみは、非順応主義の人を欺くこころみと評される危険がある〔跳ね上がりの突飛な思いつきと悪口を叩かれかねない〕。

同様に、現在の試験制度の下で、学生が教師のレトリックを真似ることから得ている防衛と安全を、また誤れる一般論と「当たらずとも遠からず」の用心深い概説によって教師との距離をとることを断念すれば、つまり可能な限り明白なコードによって、自分の理解と知識の正確なレベルが暴露されることになると、〔学生のいう〕「〔二〇点満点で〕九点と一一点の間を取る」[*1]〔合格すれすれ〕機会を失うことになるし、必然的に、〔これは例外的なメリットであるが〕明晰さを手に入れることになる。[(1)] 授業で使われる言語を解読する最低限の能力のある学生は、決してナンセンスなどではない、首尾一貫した講義をいつでも、少なくとも教師用に、書き変えることができるのだ。大学のシステムが、学生の自由に任せている論文作成というジャンルでは、教師のお下がりでしかない二流の〔言葉の〕結合術がまかり通っている。そしてこの二流の結合術というのは、大方は、どうにもならない断片的意味の寄せ集めを、また言葉の機械的連鎖を操作することに尽きるのである。

（1）用心深さの徳という処世訓は、ハッキリと口に出して言われないにせよ、グランゼコールの準備級でも言われていることだ。なぜなら、「高度な」レトリックと絶望のレトリックは全く同じ価値をもっているからである。たとえば、「何も知らないから、何も書かない」というのは、馬鹿正直だと言われている。またあるいは、そこそこに年表を頭に入れておけば、「歴史で平均点を取るには、大した知識はいらない」とも言われている。実際こんな話があった。こうした狡猾な慎重さは、同時に危険を伴うのだ。あるカーニュ[*2]の学生は、年表で「ウィーン〔証券市場〕の株価暴落《krack bourcier à Vienne》」の記事を読んで、〔クラックを人名と勘違いして〕相場師クラック氏 le boursier Krack と書いてしまったのである。教師がこの滑稽でひどい間違いをお笑い草にしてしまったとき、この教育制度の落ちこぼれが含意する真実は忘れ去られている。「大学のエリート」がこのカーニュで育成されることを想起してみれば、またこの練習問題がもつ倫理的意味を知るならば、ホモ・アカデミクス〔大学人〕とその知的生産の両方〔の真実〕が分かるというものである。

＊1　フランスの場合、試験の成績は二〇点満点で、合格点は通常一〇点以上とされている。
＊2　原語の khagneux（カーニュ）は、高等師範学校（École normale supérieure）の文科への進学準備級の学生のみを指す言葉である。フランスの高等師範学校（略称、E・N・S）は、高校や大学の教授のみならず広く文化領域（作家、ジャーナリストなど）のエリート層を養成している特権的教育機関である。周知のように、代表的知識人の大部分がこのE・N・Sの出身者である。

小論文のレトリックが、教師に、自分はまずまず理解されているな、という全体的印象を与えるのは、この小論文が、まさにそれ自身の論理によって、キッパリとした判定を下せないような言説を、またこの小論文と同じくらい慎重な評価を下させるような言説を採点者に提供するからである。経験と経験の客観的真理とのギャップが、おそらく、これほど大きいものはあるまい。すべての教師は、大量の月並みで平凡な答案を採点する苦労を経験する。この答案の山は、明確に評価できるいかなる美点もないので、日が暮れて、まことしやかな根拠にウンザリして、「合格させてやるか」「通してやろう」といった、軽蔑を込めた温情的評価をむりやり引き出すだけの、最も骨の折れる審査の対象なのだ。小論文は、かくも「識別力 classante」に乏しく、かつ凡庸さの陰に無知を隠すことに適している。もし教師たちが、意味のある評価を下せるような論題や練習問題を出せば、彼らはこうした小論文の本質 nature と対立することになるだろう。人文学の試験年報 les annales des examens littéraire は、教師たちが、最も一般的な論題設定の伝統に忠実であることを証明している。しかもこうした出題は、最も一般的で、最も信頼できる人格の質を評価することができるものとされているのだ。

それゆえ、教師と学生との間のコミュニケーションの伝統的な道具、すなわち講義と論文には、学生の理解度の正確な測定を妨げる、また彼らの理解不全を取り繕う、教師の言葉のオウム返しという潜在的機能があるのだ。大部分の学生は、多くの場合講義や小論文で使われる専門用語の定義ができない。このことから分かるように、講義が理解されているという幻想と、理解している、常に理解してきたという幻想は、互いに口実 alibi を与え合うことで、相互に補強しあっている。それゆえ学生の理解は、とどのつまり、〔そう言えば何処かで聞いたことがあると言った〕慣れ、一般的なフィーリングになってしまうのだ。文脈によっては違って理解されるべきなのに、どんなに特別な概念も、思い浮かぶ同じ言葉で理解されている〔概念の区別が出来ない〕。概念は、一定のまとまった理解を示すものとはなっていない。それは、相互に調和と共鳴の関係にある、分かちがたい親和性の印象を生み出す意味論的印象の星座なのである。このことは、そもそも講義を聴く学生が、（エピステモロジー、メソドロジー、デカルト、サイエンスのような）一連の用語によって相互補完されているものを一つのセンテンスとして理解しているからに他ならない。学生は、従って当然のこととして、これらのタームの各々において理解しようとはしないのである〔概念的区別によって理解することがない〕。彼の必要性のシステム son système d'exigences は、分析的ではなく、分析的ではあり得ないし、またどうやっても分析的であってはならないからだ。(1) 同じメカニズムのおかげで、学生は、今度は、馬鹿げたものになりかねない、一見すると〔ちゃんと理解しているかに見える〕同じ観念語で書かれている「デカルトはエピステモロジーとメソドロジーを革新した」と言ったセンテンスを書くこと出来るのだ〔エピステモロジーという概念を理解していると判断される可能性のある紛らわしい文章。実は、言葉を並べているだけ〕。しかしそれは、印象上の復元でしかあり得ないのであり、このセンテンス以外には、多くの学生は「エピステモロジー épistémologie」という言葉から何も思い付かないからである。(2)

（1）定義テストを実施した後で、ほとんどの学生が定義できなかった言葉を何故、異議を唱えることもなく受け入れたのかを尋ねてみた。すると、学生たちは異口同音に「それを文脈で理解した」と答えている。つまり「それは慣れの現象であり、自分たちはいつもこの哲学用語を聞いていたから。また、自分たちはその言葉を常に知っていると思っていた」。だが、周知のように、この文脈は意味論的な文脈ではないのである。むしろ、教育的な状況、つまり拘束であり、儀礼を前提に成り立つ話なのだ。

（2）「エピステモロジー」という専門用語は、（ことの当否は別として多少隠語めいた用語であるが）おそらく人文学や哲学の授業では、しょっちゅう使われているはずである。一般的に、教師は学生たちの答案でこの用語がさして問題ともされていないので、理解されているものと誤解している。学生たちは「エピステモロジー」なる語を「理解しているように見せかける」ので、自分は「理解したと見せかける」だけでなく、教師や教育的状況へのある種の尊敬の念によって、理解したという主観的確信を学生は抱くようになる。教師たちは「エピステモロジー」……と語り、答案にこの語を発見すると、この言葉は理解されていると思い込む。だが実際は、四五％の学生は全く理解していないと白状しているし、あるいは見当はずれの理解をしている。僅かに一一％の学生が正しい理解を示しているにすぎない。「エピステモロジー」の突拍子もない理解の例を挙げておこう。「エピステモロジーのエピとは、外、表面のことである。従って、それは表面的現象（Epiphénomène）のことである」。「それは文章の中の様々な言葉の間の関係を研究する学問である。述語と属詞」。「哲学用語。エピステモロジーの問題とは、多様な命題を導くのであり、書面での要求をもたらすものである」。「起こりうると想像されたものとして、実験的に起こるかどうかを証明可能な法則の総体」

かくして、小論文のレトリックを分析してみると、講義内容の復元の様々な病的な形態が明らかとなる。この病的な形態による講義の復元作業は、平板化、再解釈、そして脱文脈化といった操作によって、文化的徒弟制の論理というよりもむしろ、文化変容の論理を示すことになる。[1] その点で典型的な小論文は、ほのめかしと省略の言説によって特徴づけられる。こうした曖昧で舌足らずな言い方は、今日の教育的関係を規定している言語的理解不全における、またこの理解不全によって成り立つ共犯関係を前提になされている。まったく理解されない、また理解できないような言語によって情報を伝達すれば、教師は、学生が彼に伝達しかえしてくるものを理解することができないのは理の当然と言えよう。しかし、このことを認めず、またすべての結果をそこから引き出そうとしないで、教師は学生の理解力の限界を疑い、学生の言っていることが理解できないときには、学生に責任をかぶせる身分的 statutairement 特権を自分はもっていると思っているのだ。教師は、学生自身が語らないあるいは語ろうとしない事柄と同様に、学生たちが語りあるいは語ろうとしている事柄をまともに理解しようとはしない。教師は、学生が本当に何かをいうとは思ってもいないし、また学生には実際何か言いたいことがあるとも思っていない。実際のところ、その話が教師の独占する解釈やその完璧な知識に向けられない限り、またそれがある著者の思想や論評に関わらない限り、教師は学生の話を聞く耳を持たないのである。学生たちは、このほのめかし demi-mot〔半分の言葉〕だけの〔教師が主導権をとっている〕話に、全く順応する他に、どうしようもないのだ。というのは、省略されているもう半分の言葉をもっているのも、教師の方だからである。「私は学生が書くものが理解できない」と、ある教師はいう。「まあ少なくとも、分かるようになるという気がしないね。それでも、学生の書いた作り話〔学生のでっちあげた答案〕なら分かるけど。学生の作り話の真相を知っているのは、私ですから。私がそれを学生に話したのだからね。学生が専門用語を使う杜撰なやり方は、全く理解に苦しむよ。実際のところ、学生のやっているのは私の話の復元にすぎないんだ」

（1）問題にされねばならないのは、言ったことが伝わっているかをチェックするために言葉による復元がどの程度出来るかを調べることではない。問題なのは伝達された内容に加えられた、言語的理解不全による歪曲である。教師の言ったことを丸暗記してそのまま吐き出す類の学習の良い見本は、「当たらずとも遠からず」の論理に示されている。

分裂と二股膏薬

教育システムが必然的に掲げざるを得ない目標に照らしてみれば、自分の言葉に対する関係と他人の言葉に対する関係が同じというのは、どう見ても、病的である。* このような関係は、本質的に矛盾であり分裂である。実際、教師は、相互に補完的でかつ矛盾するような二つの態度を示す。一方で教師は、架空の主体に話しかけ、そうすることで、自分の教育実践を再検討に付す危険と努力を回避している。〔教師の掲げた目標への〕全行程を歩むのは学生の方であり、もし学生が、そのあるべきあり方、つまり「教師にあわせたあり方」を実践し得なければ、それが過失であれ故意であれ、落ち度は常に全て学生の責任に帰されるのである。あるべき学生に話しかけることで、教師は、学生が単に彼本来の姿で存在する権利を要求することを全く封じてしまう。その上彼らは、現実の学生に見向きもしないでいられるのだ。架空の学生だけが教師の信頼と尊敬に値するのであり、（教師の関心の的である）一握りの「才能に恵まれた学生」は、その虚構の実在を証明しているからだ。かつての良き学生たちが、〔現在の〕良き学生たちに話しかけている。そして、教師は、未来の教師になりうる学生しか持ちたがらない。(1) そして、コミュニケーションがコントロールされている希有な場合においては、学生の実際の姿が公然と現れることになる。その場合、教師は儀礼的にそれを嘆くことで、理解不全という呪いをつねに払うことができる。彼らはこうすることで、理解不全を理性的に確かめて見さえすれば、そこから引き出さざるをえないすべての結論を検討せずにいられるのだ。「学生は何も分かっていない」。「今年の水準はまたしても去年より下がった」。理解不全を嘆く意識とそれを口に出すことは、意図的 décisoire な無視と同じ機能と効果を果たしている。あらゆる教師が、いつも同じ時期になると言ってきたことを、そしていつも言われてきたことを繰り返すことで、また変化の中の永続性を再確認することで、「水準の継続的な低下」を嘆くことは、それを決まり文句《ステレオタイプ》にしてしまうことによって、再確認の儀式の機能を果たすことになる。

（1）実際、文学部や理学部の教師たちが、かつて自分がグランゼコールの学生だったときのイメージによって話をすると、一般的に言ってエリート学生でない（少なくとも、大学レベルでは）聴衆に、その話は通じないのである。こうした状況は教育的には逆説的である。何故なら、最も研究第一主義である教師が、最も選抜されていない〔エリートでない〕学生に話しかけているのに対して、グランゼコールではやる気のある、出来る学生が学校的目標や学校的モデルに最も忠実な教師に出会っているからである。教育の意図、もっと正確に言えば知的労働のテクニックを明示的に伝える配慮が、ほとんど稀しかなされないのだから、教師たちが学生はなにも知らないといつも感じるのは当然なことである。学生たちは勉強のコツを教師から学んではいないのだから、学生たちはそれを「仲間集団」から学んでいることを教師たちは忘れているのだ。

＊ 要するに、教師が自分の言葉に対する関係と学生の言葉に対する関係が、同じであるということである。つまり、教育が全く教師の独り芝居になっていることを指している。学生の言葉は、教師の言葉のコピーでしかないという教育的コミュニケーションの異常な事態を指摘している。

繰り返し思い出される「出来の悪い学生」の存在は、弁神論〔悪の存在が、神の聖性と矛盾しないとする説〕における悪のようなものである。彼らは我々〔大学人〕が、最高学府にあると感じることを妨げる。しかしまた彼らは、可能なかぎり最良であろうとする教育的手法の正当化に役立っている。この客観的な悪は、それを避けがたいものとして描くことによって、教育の失敗に対する、唯一の、非のうち所のない弁明を提供するからである。それゆえおそらく、教師の学生に対する悪口は言い訳がましい〔教育の失敗に対する〕公式証明になるであろう。学生の「無能」（神学者が〔神の〕不在あるいは〔この世の〕惨めさを語る）に対する憤激は、この無能をいかなる理性的で合理的な行為も抗することができないような、永遠不可避の必然性として受容する方法なのである。教育システムが地獄へ引き渡す出来の悪い学生は、同時にこの教育システムの真実であり、この教育システムの正当化の根拠なのである。

学生は、架空のコミュニケーション・ゲームに参加することを強制する客観的な状況の中にいる。学生はこのゲームに参加するために、自分たちを不適格者に貶める大学社会のヴィジョンを受け入れねばならない。腕輪が一方から廻っていき、他方からはネックレスが廻ってゆくクラ Kula の循環〔西大西洋の島々で儀礼的に行われる財物の交換〕のように、良い話（と良い言葉）はいつも教師から学生に届けられ、一方で貧しい言葉（と悪い冗談）が学生から教師に届けられる。もし学生が、自分には理解できないからといって教師の独り言を中断させることなど夢にも思わないとしたら、それは、状況の論理に従っている学生の方で、自らにもし理解できないなら自分たちはそこにいないはずだと思うからであろう。中等教育の最初の学年以来*、学生は何よりもまず、学問の世界が機能するために必要とされる、教師の言葉は理解されているという幻想を否定しないことを要求される。学生はその立場上 statutaire、大体の理解でがまんするというのが、学校システムに適応するための前提条件であり、またその産物〔結果〕でもある。彼らは理解していると見なされているし、理解したはずであるから、彼らには理解する権利があるという考えが浮かばないのである。従って学生たちは、理解についての要求水準を下げることで満足しなければならない。

＊　原文は「第六学年以来」（depuis la sixieme）となっているが、フランスの教育制度におけるこの学年は、日本の中学一年（標準年齢で一一〜一二歳）に相当し、コレージュの最初の学年である。

「私は理解しなきゃいけないみたい、だって、みんなが理解しているみたいだから。もちろん、授業のあとで話してみると、他の人も理解してないってことに気づくこともよくあるけど」。「あとでよく考えてみよう。すぐには理解できないわ。でもノートを読み返してみれば分かるでしょう」

理解していない、あるいは半分しか理解していないことを告白することは、教師が自分の話のレベルからすれば前提するような、また優等生ならなれると思われているような理想的状態になることを諦めることである。同級生のグループは、質問すると自分の単純さや愚かさが暴露されてしまうので、お互いに質問を差し控えることを強制する検閲機関として機能する。誰でも、特定の誰かを真似ることなしに真似ることは出来るものだ〔付和雷同〕。つまり、講義室の一番混んだ席というのは、競争心に基づいているのだがライバル意識と正反対であるような、学生の相互牽制におあつらえむきの場所なのだ。(1)

「笑われる恐れもあります」

誰に？　教師、それとも他の学生に？

「まず最初に他の学生に、です。私たちのうちの何人かは、とりたてて優秀でもないけど、馬鹿みたいだとは思われるのも厭なんです。そしてもし質問で講義を中断させたりしたら、完璧に馬鹿だと思われます……。自己検閲制度のようなものが働くんです」

階段教室のその他大勢のなかに身を寄せあう同級生でも可能性のある、学生の理想的状態に達していないのではという恐れは、学生一人一人に、理想とのへだたりをけっして暴露しないで、理想を基準にして自分を測るよう強いる。教師は、学生を一まとめにして非難するいつもの言い方で、自分の作ったイメージと矛盾しかねない正確で掛け値なしの評価を避ける。学生のほうは、真実が暴露されないようにしてくれる教師の分別に感謝するだけである。こうした幻想は、学生にその場しのぎの自己保身しか与えない。しかし、彼らはこの自己保身を大きな不安によって購わねばならない。つまり、彼らは自分が確かに成功しているか否かを確かめようとはしない。そうなると、自分の失敗を認めないでいられる唯一の方法は、救いを求める苦悶をつのらせることだけなのだ。*

（1）学生はお互いをよく知らないので、無知や勘違いなど馬鹿げた失敗や恥をかく恐れを感じる存在として同級生を見ている。学生たちは小さな仲良しグループを作ってしまうので、むしろ教師と話をする方が楽であるように見える。たとえばカーニュの場合、成績の順位が決まってしまうと週番が成績を発表するので、誰が「一番」かをみんなが知っている。だからこの学生たちの不安は、その形を異にする。

＊　学生は自分が確かに教師のいうことを理解しているか否かを確認するために、教師に質問をしたりして、受容した情報を教師に向けてフィードバックする作業をしない。また教師の方は、いわゆる「足駄をはかせる」甘い評価と優等生だけを相手に授業をするという分裂、矛盾した教育をすることで、「出来の悪い」学生の自己保身を助長している。その結果、学生は薄々感じている自分の授業からの脱落に触れないで済ますことが出来る。しかし学生は、何時かは訪れるであろう「最後の審判」を前にして、ただ自分の無力感や、本当は失敗しているのではないかという胸を締め付けられるような苦しみ（angoisse）に苛まれることになる。

空間的距離と言語的距離

教師と学生の言語的理解不全に対する両義的な関係は、言語的理解不全の永続化に寄与している。そのためには、表面的な軋轢はあるにせよ、両者の態度が相補的である必要がある。距離をとること distanciation は、教師と同様、学生にも自己保身の術《すべ》を与える。自分の椅子に陣取った教師は閉ざされた存在である。もし、とりたてて誰かに話しかけでもしない限り、教師は誰かを個人的に責めたり出来るものではない。集団としての賞罰《サンクション》はないのだから、拡散した責任は誰の責任でもないのだ。学生もまた、伝統的な教育的関係と、それを特徴付ける場や道具立てに深い愛着をもち続けている。学生は教師との「接触」を持とうとはするものの、彼らをへだてている地位的な距離を減らそうという望みを伴うことはめったにない。自分が選び、限定したテーマについての独り言に没頭しており、かつ彼の声無き対話者から物理的に離れているので、教師は、〔準備していない回答を求められる〕即興の危険や、妨害の不意打ちや、彼に向かって投げつけられる反論などから身を護られている。彼は、周期的に、また決まった時間に名人芸のレパートリーを披露しなければならない役割に付きものの危険を知っている〔時々、学生を引き付けるような話をしないと講義がもたない〕。だから、言語が提供する防御を教師が動員しようとするのも分かるというものだ。実際、言語は距離を保つために用いられるテクニックの中でも、最も効果的で最も捉え難いもの subrile である。空間によってつくられた距離や、規則によって保証された距離と比べると、言語が生み出す距離は制度には何も負っていないように見える。教師の椅子は、個人に縛り付けられている〔身体化されている〕のでなく、最低限の防御を提供することができるだけである。一方言語は、その個人の行為や威光として表れる。しかし実際は、教師の言葉は制度にその効果の大部分を負っているのである。というのは、教師の言葉は純粋に学校教育の産物であり、それが達成される教育的状況から切り離すことはできないからである。しかし、教師の言葉が地位の属性として表れなければ、その基本的機能を果たし、〔制度の〕機能の利点を公務員個人〔大学教師〕の長所にすり替えるには十分なのだ。*

＊　学校制度や教師という地位がうみだした教師の権威を、あたかも教師個人の優れた資質や能力のせいであるかのように錯覚させること。これは教育制度が十分に機能する上で不可欠な条件である。『再生産』参照。

教師は〔権威の象徴である〕アーミンやトーガ＊を身に着けないこともできたし、しようと思えば教壇を降りて群衆に混じることだってできたであろうが、彼らの最終的防護であるもの、すなわち教師的言語の教師的使用だけは手放せなかった。[1] 学校とは言葉の世界であり、教師とは、プラトンにならって言えば「人間ではなく、言葉である」ということもできよう。教師は、事柄を〔主体的に自分の意見として〕語るのではなく、事柄について〔距離をおいて客体として、論評として〕語るのである。だから、教師は、階級闘争、インセスト〔近親相姦〕など何にでも長口舌を振るうことができる。彼の立場、彼の人格、彼の役割が、彼の言葉を「中立化」するからである。[2] こうした機能を果たし得る言語は、いわゆる伝統的でカリスマ的な教育的関係のタイプと切り離しがたい。とりわけ、文学系の学科ではよく見かける伝統的かつカリスマ的なタイプである。カリスマ的教育における、呪術的イニシエーションである「覚醒の教育」といったものは、とりわけ言語は入門者を恩恵に浴する立場に置く機能において特権的な呪術となるのである。何かのセレモニーでのスピーチ、「公開講座」、コレージュ・ド・フランスでの講義などは、この言語のすり換え機能（fonction）をみごとに例証している。こうしたスピーチでは、それが意味することよりも多くのこと〔講演者や大学の権威や価値などを〕が語られ、しゃべる方にも聴く方にとっても、その話の内容 signifié は二の次になってしまうのである。さらに、伝統的教育においては、言葉は誘惑するために用いられる。この誘惑は、確立された文化の浸透やこの文化の含む価値への同調を促すのである。この（1）カリスマ的言語使用と（2）伝統的言語使用は、ともに民主的な教育で用いられる言語の理性的な使用とは対立している。幻想の言語であるカリスマ的言語使用は、それぞれの固有な価値に関する幻想だけを伝達できるのである。また、ほのめかしl'allusionの言語である伝統的言語使用においては、教師と学生の言語共同体と価値に関する共犯関係〔暗黙の了解〕が前提となっている(その価値は、教育が自らの〔教育の〕後継者を相手にする場合にしか実現しないのであるが)。

(1) それぞれの教師に特有の語調や言葉は、よく知られている。自分のいつもの学生にこうした癖を伝えるのは、〔講義など〕公的な場に限ったことである。

(2) 学生たちは教師を「世間離れした」存在と見ている。そうした例には事欠かない。たとえば教師がスラングをしゃべると学生は、ビックリしたり笑ってしまう。リセの生徒は先生が水泳をしたり、自転車に乗るのを想像をすると笑わずにいられないのだ。地方のリセの生徒たちが描く文学担当の教師像は、型にはまったものである。学生新聞は次のようにそのイメージを描いている。「先生は笑わずに居られないような劇を笑わずに説明するくらい生真面目だ」

* アーミン(l'hermine)やトーガ(la toge)は、いずれも大学教授や司法官が身に着ける礼装である。アーミンはオコジョの純白の冬毛で作られた帯、トーガは法廷で弁護士などが着用する礼服で、法学部教授も着用することがある。権威の象徴として用いられる礼服である。

他方学生は、どんな言葉でも使えるわけではない戦いにおいて、〔それでも〕言葉を使って自衛するよう強いられると、たいていの場合、絶望のレトリック、言葉の呪術的な使用への後退、敬愛する教師の考えの機械的な反復への後退、さもなければ、学者ぶった話の片言隻語を散りばめた戯画への後退に陥る以外になす術を知らない。かくして学生は、自己防衛のための儀礼的論理に従って、慎重さ、あるいはうわべだけの慎重さを増大させる。こうした慎重さというのは要するに、どっちつかずの妥協にすぎない超相対主義や見当はずれの例示、「当たらずとも遠からず même pas faux」の定義をする偽の抽象化、あまりにもあやふやなので〔自分でも自信がないので〕正解か不正解かを判定される可能性を避けるやり方に他ならない。贖罪の儀式の論理に従って〔まるで罪滅ぼしでもするかのように」、学生は高名な学者や文化に一応の敬意を払うために引用し、大げさな言葉を「開けごま《セサミ》」の呪文のように叫ぶ。絶望のレトリックは、専門の修得がほとんど不可能だという状況から生じる不安に対応している。学生にとって、勉強というのは悲劇的なものだということが本当かどうかを知りたいなら、彼らが書いたものに表れた、教師の言葉との悲劇的な関係を考えてみれば十分であろう。生得説 nativistic movements の理論に従う、学校言語の絶望的な模倣《イミテーション》、あるいはまた依拠すべき参照体系を間違えてしまったので、同意は得られそうにないシステムに対する盲目的信奉である。

*

伝統的形態による教育的コミュニケーションの場合、言語情報の生産性が、それ自体 ipso facto 教育の生産性の尺度となる。なぜなら少なくとも文系の学問領域では、教育的関係は言葉の交換に帰着するからだ。言葉の交換においては、実技、あるいは見様見真似《みようみまね》や反復練習による徒弟的訓練の余地はなく、指導者然やって見せる《デモンストレーション》という方法ではなく、ソフィストの épideixis《エピデイクシス*》に近い言葉によって示す形態をとっている。この教育システムが現状の条件のもとで行われる限り、この伝統的教育に固有の論理は、病気の段階にまで達している。一〇〇人（規則では五〇人となっているが）もの学生たちで行われる、我々が「実習クラス」と呼ぶものは、〔実習とは名ばかりの〕もったいぶった「小さな講義」になってしまう。また、この教育システムの病気は、多少は物的条件に規定されているとはいえ、このシステムの論理そのものによるものだという主義主張からすれば、この教育的関係が異議を唱えられるとき、この物的条件〔規則による小規模クラスの実習〕は言い訳にすぎないことになる。

＊ エピデイクシス（épideixis）は、「ギリシアの修辞学・雄弁術の教師が、自分の教育やそのメリットの宣伝を目的と

して行う演説のこと」（*Grand Larousse de la langue francaise*, tome 2e, p. 1685）。

それは情報の膨大な浪費を伴う言語の交換なのだが、教師と学生が講義と小論文の交換《やりとり》を続けることができ、また大部分の教師がしゃべることを自分の職業の全てであると考えることができるのも、大学制度の論理が教師と学生がそうするのを認めているからである。大学教師の職業義務全体のうちで、言葉《パロール》による情報伝達だけが無条件の義務とされている。それは、答案の採点のような〔学習効果の〕点検作業よりも優先される。学生の研究の評価や答案の採点は、教えるという行為のつまらない裏面とみなされ、実際は助手の仕事にまかされている。さらには学生の研究指導さえなおざりにされている。大学教員のランク付けのために使う呼称でさえ、職務のヒエラルキーが高いほど話すということがより大きな正統性を表している。助手でさえ話す以外のことは何もしていないのに、「実習クラス」を担当していることになっている。非常勤講師は「授業 enseignement」をし、実はそれと全く同じことをしている助教授が「講義 conferance」をし、正教授だけは「大講義 cours magistaux」を行うことになっている。[(1)*] このようなランク付けが、知的な職務のヒエラルキーを表していることは明白であろう。雑務から解放された知的行為は、知的労働の骨の折れる技術と対比される。こうした職務のヒエラルキーは、学生たちに、こうした合理的な技術を軽蔑するようにしむけることになる。この合理的な技術を彼らに合理的に教えることのできる制度が、客観的にはそれをヒエラルキーの最下位においやっているからだ。

（1）さらに続けたければ、小学校教員の「する」味気ない「授業」を見てみればよいだろう。それが彼の仕事なのだ。また高校教師のそうする他ない授業を見てみればよい。彼らには〔大向こうを唸らせるような〕大講義をすることが期待されていないのだから。

＊ 原文のフランス語では、大学教員の呼称と授業の呼称がそれぞれ対応している。日本の場合、今日ではどのランクの大学教員が担当しようとも、「話」によるものである限りは「講義」ないし「授業」と呼ばれるのとは違っ

ている。その対応はフランス語で示せば以下の通りである。(1) l'assistant: travaux pratiques, (2) le chargé d'enseignement: enseignement, (3) le maître de conférences: des conférences, (4) le professeur: cours magistraux.

ところで、学生の生産するものもまた実は純然たる言葉なのである。彼もまた言葉で支払う。なぜなら言葉だけが割に合うからだ。理系ではわずかのようだが、文系学部では明らかに学校言語の操作能力が、依然として試験で成功するための主な要因である。ここにこそ、最も重要でありながら、最も見えにくい、学生たちの社会的出自と学校的運命との媒介の一つがある。言語の影響が容易《たやす》く見て取れるのは、言語テストだけではない。さらに、家庭の言語環境から生じた不平等が効力を発揮するのを感知するには、家庭環境によって言語の複雑さに不平等を生じさせる不平等な徒弟的な訓練が準備する複雑な言語構造の解読と操作が必要となる、あらゆる知的試験〔試練〕を見ればよい(1)。さらに、我々が自分の社会的出自から相続するものは、言葉だけではない。言葉と不可分な、言葉と取り結ぶ関係、すなわち言葉の価値との関係も相続する。実際あらゆることが、社会的ヒエラルキーが上昇すればするほど、情動、感情、意見、思想を言語化する傾向が大きくなるということを示している。かくして、上流階級の言葉に対する態度は、経験の一般的「言語化」を要求する教育と強い親和性をもつことになる。言葉が物事の現実《リアリティ》になる世界で生きてきた子どもには、この同じ原理に基づいた知的世界に入っていく準備がなされているという点で、サルトル*とて例外ではない。

(1) バジル・バーンステインの研究は子どもの頃からの家庭環境からのこうした言語的影響を明らかにしている。「認知における社会学的決定要因」(『イギリス社会学雑誌』九巻、一九五八年、一五八頁)。「言語と社会階級」(『イギリス社会学雑誌』一一巻、一九六〇年、二七一頁)。「社会階級と言語発達」(ハルゼー、フルッド、アンダーソン『教育、経済、社会』グレンコ出版、一九六一年)。「言語コード、特異な躊躇と知性」(『言語と会話』五号、一九六二年、三一頁)。「社会階級、会話システムと精神療法」(『イギリス社会学雑誌』一五巻、一九六四年、五四頁)。

＊　早くに父を失ったサルトルは、自らの幼少時代を「言葉 Les Mots の中で暮らしていた」と語っている（Julliard J. et Winock M., *Dictionnaire des intellectuels français*, Seuil, Paris, 1996, p. 1027）。

教育における言語使用の合理化 rationalisation は、学校世界の民主化 démocratisation への決定的な前進となるであろう。さらに我々は、試験を合理化することによって、〔学生に〕要求できる事を範囲確定し、定義するすべての努力が、ある者たちに有利に働くことなく、より恵まれない者たちが被る不利益を減らす、という事を示してきた。試験のこのような基準と、学生が評価される練習問題の性格にかかわる契約をつくるすべての努力は、〔知の〕遺産相続をしていないハンディキャップを二重に縮小することになる。つまり第一に、漠然とした勘 manières やこつ savoir-faire といったものの役割を減らすことによって、そして第二に、練習問題と練習問題の継続的組織化に、目標、枠組、正当性を与えることによって、そうしたハンディの軽減が可能となるのだ。ところで、こうした全ての事は、大学教員が、自分の言葉使いと学生の言葉使いの両方に対して、まったく新しい態度を取ることを必要としている。大学教員が教育において自然に使っている言葉が、実はある社会階級の言葉であることに気づき、同時に、学生が自然に使っている言葉が、その本質的な特徴（良い、悪いといった）を社会的出自に負っていることに気づかなければ、大学教員は、自分の言語的文化的「エスノセントリズム」から抜け出ることは出来ないのだ。だからといって、こうした〔言葉の階級性の〕自覚は、〔学生に対する〕あらゆる言語的要求を放棄すべきだとか、また放棄出来るというものでないことを意味している。それどころかこの自覚は、むしろ学生に、これらの言語的要求の充足手段を与えることを促すものでなければならない。つまり、正確な伝達を可能にするためには、言語の学校的操作のすべての諸前提を明らかにすることが必要だという事に他ならない。たとえば、教師の言葉がつねに言葉の定義に注意を払い、またいつも現実の学生の現実の要求 besoin に合わせて調整されるならば、教師の言葉は、語彙や構文法を変えることなく意味と機能を変えるだろう。[1] 言葉に対する態度のこのような大転換 conversion はあきらかに、学生に対する態度の変化を前提とするであろう。つまり、教師の言葉は理想の学生に合わせて語られるのではなく、現実の学生の姿をよく知った上で語られるようになるであろう。(小論文の序文で再生産され、戯画化される) 儀礼的な定義と、絶え間ない中断や質問を前提とした、〔学生の〕潜在的な要求に支配された言語使用との間には、大きな隔たりがある。教育的関係の現実《リアリティ》は、なんの助けにもならないのだから、このような態度の転換 conversion を達成することは、それだけ一層困難であろう。従って、現実に学生が教師に、メッセージと同時に、メッセージのコードの呈示をたえず要求していると想定した教育が必要である。要するに、教師は現実の学生の要求を充足させる手段を与えるような明示化の要求に、自分の言語を従わせるという条件でしか、教師の言語的要求を矛盾なしに維持することはできないのだ。

(1) 問題なのは言葉でなく、言葉との関係である。専門用語や著者の言葉、日常言語も、ある時には意識的にコミュニケーションの手段として技術的に、合理的に用いられうるし、またある時には魔術的に、あるいはまた予言者的に用いられることもあるのだ。つまり、フッサールの言葉自体がアランの言葉よりも教育的であるとか、ないとかいったことはない。どちらの言葉も、用いられ方によって、人を騙す言葉となったり魅了する言葉となったりするのであり、また何も語らない言葉となったりするにすぎない。

以上の分析から帰結する、合理的教育法 pédagogie rationnelle のための提言は、現在の条件のままではまったく空想的なものであると言わざるを得ない。なぜならこうした提言は、自分たちがその産物であるシステムの論理においてなされる、教師(と学生)の決定的な変身 conversion を必要としているからである。この提言がこの〔教育〕システムを問題にするとき、学生と教師の行動、態度、意見の意味は、このシステムの論理との関係において生ずるのである。[1] 行為者たちがこのシステム対して抱くイメージとその欠如を支配し、その限界を確定するのはこのシステムの論理なのである。それゆえ、非常に空想的なイメージにおいても、学生と教師は、現実の形態における、この制度の論理に囚われたままなのである。このシステムの別の可能性についての彼らの期待がかくも貧しいのは、あるシステムの客観的な欠落が、そのシステム内の主体にたいしては、その真実において、現れ得ないからである。[*]より一般的に言えば、そのシステム、すなわち相互依存のシステムとしては理解されることがないから、互いの相手に対する診断は、際限なく賞賛と非難を応酬し合う二項対立に再びおちいることになる。

(1) 教師は、試験において求めているものを明確にしたり、試験の採点基準を明示化したり、評価がはっきりするように問題を作ったりする事で、試験を合理化することが出来る。だが、こうしたこころみも教育システムの論理に即した革新に対する無理解と抵抗に出会うことになる。この試験の革新が、難問や奇問といった落とし穴からの脱出であるにも拘わらず。とはいえ、〔少なくとも〕従来の試験が学生に与える不安があまりにも大きいので、この試験の合理化のもたらすであろう利点を学生たちは評価するようになるであろうし、試験が要求する多くのものからハッキリと試験の求めているものを識別するようになるであろう。また学生たちは、この試験の合理化のもたらすであろう失敗からの保証を評価するであろう。前述したように、教師と学生の相互神秘化のメカニズム〔お互いを訳の分からないものだとする〕は、ブルジョアの子弟やパリ在住の学生や伝統主義的な勉強の仕方に多く見られたのだから、こうした傾向に対する自覚や少なくとも不満は、こうした境遇から離れれば離れるほど大きくなると言える。従って、合理的革新に対する支持は、庶民階級や中間階級出身の学生ではより急速にまた徹底して見られるであろう。更に、教育的要求の教育システムの支配力からの解放は、パリよりも地方においての方が進むと言えよう。

＊ つまりある特定のシステムに内在する者は、そのシステムの限界を超えたイメージやオルタナティヴを構想しえないこと。いわゆる「人間の社会的存在がその意識を規定する」。あるいは、マルクスの『ブリュメール一八日』の次の命題を想起されたい。「かれら〔社会民主党の代議士〕を小ブルジョアの代表者にしているものは、商店主が生活のなかでけっしてこえない限界をかれらが頭の中でけっしてこえないという事実」を示している（マルクス『ルイ・ボナパルトのブリュメール一八日』伊藤新一・北条元一訳、岩波文庫、五八頁）。

こうしたメカニズムが機能するには、外的には教師と学生の共犯関係としてのみ現れる行動によって補完される必要ある。共犯関係というのは、その事実を否定することをその客観的真理としているだけに、それを明らかにすることは、なおさらスキャンダラスと言える。行為者たちが作り出した客観的生産物（そこに彼らは自分たちが欲しているものを認めたくないのだが）は、それがパートナーの各人が自分と取り結ぶねじれた関係の必然的結果であることを無視する限りにおいて、行為者の意図とは無縁な結果と見えるのである。自分たちの間のコミュニケーションのあらゆる測定を拒否する点では、教師と学生はある合意に達する。もちろんこの合意は、いかなる種類の契約も、無意識の契約さえ前提にしていない。個々人は、システム内での自分の地位に対する悪しき信頼関係を維持している（彼は、理解不全が存在している事を知ってはいるが、それを知らないふりをしなければならないことも知っている。さもなければ、それを維持することから生じる利益を諦めるよう強いられるからである）。そこで、教師と学生それぞれは、他方が理解不全と取り結ぶ関係に、理解不全が自らと取り結ぶ関係を永続化するための最良の方法を見いだすのである。

この客観的な共犯関係を可能にしているのは、実践に対する両者のイデオロギー的関係が同じ客観的目的にもとづいているという事実である。彼らは伝統的なシステムの生産物であり、またこのシステムは安全性の最大化の論理に従っている。しかし同時に、彼らは合理性 rationalité という価値が、価値規準として押しつけられる社会に、またそうしたレベルにある社会に位置付けられている。それゆえ学生と教師は、〔コミュニケーションの〕生産性を最大化しようという欲望が、〔この生産性と対立する〕身の安全を犠牲にしないような複雑な期待のシステムに（要求が対立する時でさえ）同意することできるのだ。一例を挙げると、教師は、説教壇から講義する快適さと権威の喜びを維持すると同時に、学生にもっと活発に参加するよう促すこともできる。一方教師の共犯相手である学生は、教育の全面的改革を強く要求しながら、匿名という身の安全とディレッタンティズムを満足させることもできるのだ。トラクターの高い生産性と鍬の低い危険性という二つの経済システムの利点を合わせ持とうとする「文化変容期」の農夫たちのように、教師と学生は、自分たちを脅かすシステムによって、脅かすと共に魅惑するシステムの中に位置づけられている。教師と学生は、対立するものの共存の場であり、彼らは教壇の防護力と円卓による有益な議論とを同時に確保しようとしているのだ。

〈付録〉「理想的な講義室」に関する調査結果からの抜粋

計画的な教育方法による教育的関係(1)

「教育方法」は、伝達の様式と技術の介入の程度によって、四つの大きなカテゴリー(2)にわけられる(表序—1参照)。

(1) 学生は次のように指示されている。「理想的な講義室を構想し、〔その理由を〕説明しなさい」
(2) 参照、W・シュラム、ユネスコ・シンポジウム、一九六二年。

1 第一世代的方法——(再生産のためであれ伝達のためであれ)機械の介入を伴わない情報伝達によって行われる。

(a) 教師による口頭の提示ないし説明
(b) この伝達方法に関連する道具は、黒板、図形、絵画、展示

2 第二世代的方法——再生産の機械である印刷の活用。

(a) 書籍(説明書、教科書、テスト)

表序–1　教育方法

	教育方法	男(%)85人	女(%)86人	全体(%)171人
第一世代的方法	大講義室	100	100	100
	黒板	49.4	53.5	51.4
	マイク・スピーカー	27	25.6	26.3
第二世代的方法	図書館・本・古文書館	5.9	17.4	11.7
第三世代的方法	TV・OHP・テープ	17.6	16.3	17
	レコード			
第四世代的方法	第四世代的技術	0	0	0

＊%は、望ましい教育方法・手段・設備を表わしている。以下同様。

（b）これと関連した施設（図書館、古文書館）

3　第三世代的方法——「視聴覚《オーディオ・ビジュアル》」。機械が教師の代用品となる。視聴覚的方法は、見る（写真、スクリーン、テレビ）、聴く（ラジオ）、同時に見て聴く（映画とテレビ）などの機能を果たす。スクリーン、固定された、あるいはポータブルの投映機、テレビ、テープレコーダーを装備。

4　第四世代的方法——個人と機械との直接的な関係にもとづく。たとえば、「自習用プログラム」あるいは「ランゲージ・ラボラトリー」。

フランスでは、高等教育機関がほとんどもっぱら第一世代的方法を取っていることを考慮に入れれば、学生の考える理想の教育は、彼らの希望や期待というよりも、既定の事実の表現と言えよう。

ユートピア的アイディアや、色々な「費用のかかる」非現実的アイディアが出てもよさそうなのに、想像の中でさえ、学生は依然として伝統的なタイプのコミュニケーションに忠実である。設備に関した学生の回答の中で最も多いのは、黒板に他ならない。どんなに近代的コミュニケーション技術による可能性があると言われても、それは、（映画や、OHP、録音機械等）情報、資料、例証を付け加える方法によってコミュニケーションの改良というよりも、せいぜい（マイクやスピーカーを使って）教師の講義を聴き取り易いものにしようといった改革なの

表 序–2　新技術の導入について

新技術導入の目的	男（%）	女（%）	全体（%）
聴取と視界の改善	32.9	27.9	30.4
快適性の改善（イス、空調、など）	34.1	36	35.1
講義室の大改造	18.8	14	16.4
空想的アイディア（教育方法には無関係）	14.1	7	10.5
教育的関係の改善	3.5	2.3	2.9

表 序–3　大講義の聴講

分類項目	男子（%）	女子（%）	全体（%）
よく聴こえる	37.6	41.8	39.8
よく見える	40	59.3	52
ノートが取れる	32.9	34.9	33.9

だ。

結局、第二世代的方法が最も回答が少ない。「講義室」を「実習室」に変えるといった特別図書館のアイディアは、まずめったにない。これはおそらく、教育の理想というものは、必然的な枠組として作用する実践のシステムから生まれるからであろう（**表 序—1**を参照）。

今までとは違ったユートピア的アイディアを出してもいいと言われているだけに、学生の教育方法についてのアイディアがこれ程硬直しているのは、驚くべきことである。最新の革命的な技術の導入が提案されることもあるが、それももっぱら、快適さと受動的な幸福のための改良である。授業のやり方を完全にひっくりかえすような、SF的な回答（透明な壁、庭、回廊、開閉式天井、前衛的な建築）があったとしても、その二一世紀の授業では、昔ながらの講義がされているのだ。つまり、快適さについての話になると、学生は二一世紀の言葉で考える。しかし、教育について考えるとき、学生は一九世紀の言葉で考えている（**表 序—2**を参照）。

（回答の仕方の指示には「講義室」の表現が含まれているので）あらゆる回答が、大講義室での講義のイメージから展開されているのは分かるとしても、最も進取の気性に富んでいるはずの回答が、教育外的な意見（快適さとこれに付随する思いつき）しか述べていないのは注目に値する。大講義室での講義について改善してほしいという点は、聴取の条件に限定されているのだ。こうしたテーマは異常に長く書かれていて、大体は男子より女子に多く見られる（表 序—3を参照）。

サークルプラン〔円形教室〕

半円形教室の観念上の拡張であるこの形は、あらゆる領域で最適状態と極限状態が混じり合ったユートピア的論理を見事に表現している。もし、サークルプランが、形式上、学生との距離を縮める必要性を主張しているなら、それは教師を注目の的《まと》におき、教育を見せ物にしようという伝統的態度の極端な表れを示している。しかし多くの回答に見られるように、この合理的な改善策〔円形教室〕は、決して実現しそうにないフィクションにすぎないが、皮肉にもそれは、伝統的システムに特有な潜在的な攻撃性を呼び覚ますものである。

〔学生の回答例〕

「結局、教師が学生の真ん中にいるのが一番いいと思う。先生が学生をよく理解するには、学生に混じるのがいいからだ。そうすれば、先生と学生は仲良くなれると思う。だから、教室は円形がいい。それに、学生みんなが気楽になれるし、先生もよく見えるようになる。だから、円形の大講義室みたいなのがいいと思う。こういう教室は、話だけの授業の場合は有効だと思う。でも、図表なんかを使うときは問題だけど。プラネタリュウムみたいに、天井に映し出さない限りはね」

（ランス、男子、二〇歳、リセ最終学年）

「要するに、円形劇場のような講義室。長所。親密さが増す。先生がずっと身近になる。接触が、より直接的になる。そして先生は、いつも学生と向かい合っているのではなく、歩き回るので学生は寝ていられない。それに、学生はいつも、先生が、燃える小枝の輪のなかのサソリのように、最後には自分を毒針で刺して終わってほしいと思っている。(もし、先生がサソリを演じたくなければ、)先生は学生の生来の残酷さから逃れようと空しく努力し、結局自分の狂気が進行するのを見て、自分を慰める」

(リール、男子、二〇歳、哲学の学士取得)

「古代の円形競技場を理想とするタイプ。すなわち核と原形質を有する細胞のような形。つまり、演壇が教室の中央にあるタイプ。講義する先生は、誰からでも何処からでも見える。階段席が演壇を下から上まで、ぐるっと取り巻いている。これだと最高に多くの座席がつくれる。このスタイルは、南フランスの円形の(魚)市場を思い出させる。それに大きなガラス窓(太陽の採光を配慮)、最上段には円形周歩廊(連絡路)。アンプ。明るい色調(好みによる)。シンプルで、あまり居心地よくしてもいけない」

(リール、男子、二三歳、社会学の学士取得)

「先生の机は部屋の真ん中で、学生の机がそれを取り囲む。(一)先生は学生がよく見える。生徒全員も先生がよく見えるし、話もよく聴こえる。(二)円形教室はどの場所も採光がよい。(三)後部の座席は、前部座席より少し高くなっている。(四)やかましい先生だと、先生が学生に背を向けないようにするため、移動する必要がある」

(リール、女子、二一歳、社会学の学士取得)

「縦六メートル。横六メートル。高さ五メートル。一八〇立方メートル。この教室は現在（教師‐学生）と未来（学生‐教師）の移行期の教室である。教師には上昇する世代を前にして無力感を与えるべきである。先生は真ん中に椅子だけを与えられている。先生のいる所は少し高くなっていて、一〇人の学生に取り巻かれている。ドアがたくさんあるので途中で眠い学生は、教室を抜け出ることが出来る」

（パリ、男子、一八歳、社会学の学士取得）

「机は円形に配置される。従って左端も右端もないことになる。真ん中には、先生の教壇、小型の丸テーブル、トーチカ bunker が置かれている。最大の難点は半分の学生は、先生の背中を見ることになることだ。鏡を使えばそれも防げるけど。教室の隅には大知識人か哲学者の像を置いて、先生が馬鹿な連中にだけ取り巻かれているという気持ちにならないようにする」

（パリ、男子、二〇歳、哲学の学士取得）

「（一）先生の椅子は、学生に背を向けないように回転椅子にする。（二）天井には映写用スクリーンがある。学生が最大限に外気と太陽を満喫できるように、このスクリーンは取り外し可能なタイプにする。（悪天候のため天井が閉じられている時は、投影機は先生に向ける」

（パリ、男子、二二歳、社会学の学士取得）

「学生の机は、同心円状に高く配置される。明るいランプが学生のノートを照らしている。先生だけがその全身を光の中に浮かび上がらせている。この教室には、自分は囚人ではないと感じたら、学生が自由に出ていけるような出口がなければならない。中心〔にいる先生〕は学生を引きつけるのでなければならない。決して学生を引き留めるものであってはならない。最大の間違いは、先生の机のそばにしか出口をつくらないことである。軍事訓練のようにではなく、ソクラテス的見せ物であるべきだ。先生のイメージが固定しないように定期的に、席替えをしなければならない」

（パリ、男子、二一歳、社会学の学士取得）

「円形競技場の形をした教室。先生はマイクで話す。これだと見せ物の感じがより完璧になる」

（パリ、男子、二一歳、社会学の学士取得）

「円形の講堂を引き戸式の壁で二つに分け、半円形教室にする。こうすると円形の講堂を有効利用できる。でも両方の教室を一つにすると、図表やスクリーンを見せたいときは、不便になるけど」

（パリ、男子、二一歳、哲学の学士取得）

「学生の真ん中に先生がいる……。学生は適当な時に入室する。テープレコーダーで後で聴くこともできるし、教室の外で聞くこともできる……」

（パリ、女子、二三歳、哲学の学士取得）

「学生は輪になっていて、先生はその中心にいる。タバコはのんでもいい。劇場の椅子みたいなやつで、椅子の背には灰皿が付いている。階段教室」

（パリ、女子、二三歳、哲学の学士取得）

「先生は中心にいて、回転椅子が時々廻る（違った角度から顔が見えるように）。個人用の音響装置があって、先生が退屈な時音楽が聴ける」

（パリ、女子、二一歳、社会学の学士取得）

第1章
学生と教育言語

ピエール・ブルデュー
ジャン＝クロード・パスロン
モニク・ド＝サン＝マルタン

フランスの学生に対する調査が、一九六二年から一九六三年度に行われた。この調査は、ヨーロッパ社会学センターによる以前の調査における共同研究の成果を踏まえて実施された。[1] 教師と学生のコミュニケーションにおける言語的理解不全の問題は、一九六〇年から一九六一年に、P・ブルデュー、M・マジェ、J－C・パスロンによって実施された予備調査の段階ですでに強調されている。[2] しかし、用いられた調査技法の初歩的性格からしてなおこの知見の確証が必要であった。一九六二年の調査で採用されたテストは、ブルデュー、パスロンとその協力者マジェ、ヴァンサンによって練り上げられたものであった。その狙いは、まず第一に教師によって一般的に用いられている言語に関する知識を評価するものであり、第二には学生の多様な理解のレベルとその社会的性格の関係を確定しようとするものであった。

（1） 参照、P・ブルデュー、J－C・パスロン『学生と学業』、『ヨーロッパ社会学センター雑誌』一号、パリ、ハーグ、一九六四年。

（2） 参照、『ヨーロッパ社会学センター報告』一九六一年六月。

我々の調査は、特定の行動ないし意見の全体的分布状況の記述ではなく、諸規準間の関係を明らかにすることを目的とするものであった。この説明的調査では、これらの諸規準によって分けられた下位集団が実際の母集団にしめる割合に比例していないサンプルに基づいても証明され得る。しかしこの調査ではこれは当てはまらない。というのは、我々が研究対象とした母集団は、最も重要な社会的属性*（すなわち、社会的出自、年齢、性別）においても、文学部の母集団とほとんどかわらないものだからである。その母集団は、二つの下位集団に限られている。つまり、ほとんどの場合対立する、社会学の学生集団と哲学の卒論を準備している学生集団である。同様に対立する例を挙げれば、芸術史の学生と古典文学の卒論を準備している学生、また心理学の学生と歴史の卒論を準備している学生がある。しかし、階層化の最も重要な規準は、学問領域〔そのもの〕ではなく、制度が学問領域に与える聖別 consécration の違いによって規定される研究のタイプである〔学問領域間のヒエラルキー〕。従って我々のサンプルの構成は、この〔ヒエラルキー的な〕関係における、態度と意見のバリエーションを把握することを可能とするものである。[1]

（1）我々の調査では、学問領域間のヒエラルキーを代表するようにサンプルをとっている。しかしそれでも、対象者の学生が社会学と道徳学の専攻および社会学部に限られているので〔対象とした学問領域が少ないので〕、これらの対象者についてはきちんとした調査がされているのだが、厳密な意味で全体的な証明（たとえば、理解不全の程度に関して）が出来るかどうか疑問が生じるかもしれない。調査はボルドー、カーン、クレルモン、ディジョン、リール、リヨン、モンペリエ、ナンシー、パリ、レンヌ、トゥルーズの社会学と道徳学の専攻および社会学部の学生を対象に行われた。更に比較のため、他方でいくつかの統制群についても調査を実施した。つまり、パリと地方における文学部の様々な専攻、文系のグランゼコールへの準備級、リセの最終学年について行っている。サンプルの構成については、付録1を参照されたい。

＊　普通の社会調査では、サンプルと母集団における社会的属性（性、年齢、……）の構成比が同じであることが望ましいとされる。いわゆる代表性の問題である。ブルデューらの調査の場合、社会的属性（この調査では、諸規準）の間の関係を明らかにすることを目的にしているので、代表性の確保は、問題にしないとのべている。

我々の関心は、教師と学生のコミュニケーションを、すなわち制度と伝統による拘束によって規定される社会現象を、理解し説明することにある。従って我々は、抽象化を避けたので、学生が正規分布する際に用いる規準によって標準化することをもっぱら目的とするものではなかった。いうまでもなく教師集団は特定の言語を使用している。従って彼らは、制度的事実のあらゆる客観性を帯びた言語的要求の総体を規定している。つまり、客観的には学生が理解すべき事を彼らがどの程度理解しているかを客観的に測定したいなら、学生を測定しうるのはこうした教師集団の言語的要求なのである。

そこで我々のアプローチは、標準化テストを用いる実験的な（というよりむしろ非現実的な）状況に学生を置くのではなく、〔実際の〕試験の条件にできるだけ近い、実際の状況に学生を置くものとなった。学校のテストの状況を可能なかぎり再現するからといって、テストが能力の最良の評価基準であるというわけではない。しかし、これらの条件下で行われるテストだけが、その条件下で教師が正確に評価する〔学校での〕成功の社会的要因を把握できるのだ。試験で使われる暗黙のあるいは公然の評価基準を正当化するのではなく、我々は、教師の評価そのものを評価するための方法を打ち立てることを、そして、教師の判断の基準が社会的に中立か、端的に言えば、社会的に公正であるか否かを確証することを目標とした。要するに我々は、〔形式的な〕正確さをあきらめてでも、能力を測定する抽象的な原理を明らかにし、また大部分のテスト出題者と同様、テストによって測定される能力の同語反復的な定義だと非難される方を意図的に選んだのである。(1)

（1）従って、成績の分布は多くの場合、非対称の傾向を示している（付録3の棒グラフ、一二七―一三〇頁を参照）。学生にとってこの問題は、難しいとしても、それは成績の事後的に設定された基準によるものではなく、事前に意図的に選ばれた基準によるものである。従って、平均からの自由度は低くなっている。大部分の問題の成績分布が不正解の傾向を示しているので、採点方法は減点法（不正解の最大値または最低点）を常に採用している。成績分布の全体像を見るため、また、グループ間あるいは下位グループ間の比較のため、代表値や分散の指標として中央値と四分偏差を用いている。*

* 四分偏差 **l'écart inter-quartile**（最近の表記では、四分領域）は、度数分布が正規分布でない場合に、分散（データのバラつき）の程度を示す統計値である。付録3のグラフを見ればわかるように、このテストの成績分布は、正規分布していないものが多い。従って、四分偏差によって、コース別や社会的出自別のグループの代表値を算出し、比較したというのである。

言語の学校的操作は、後天的能力の全体を前提にしている。言語能力を規定する諸条件を確定するため、我々は、この言語テストを、学生の能力を個別に測定することのできる一連の練習問題に分類した。たとえば、もし予備調査で、哲学と社会学の大部分の学生が、観念語[1]のなかで最も頻繁に使われるタームを定義できなかったとしたら、おそらく彼らは、そうしたタームが一連の講義で使用されるなら、同様に理解できてないのだと結論していいだろう。他方、教育言語はそれ以外の言語領域とは懸け離れているので（学問領域によってその程度は異なるが）、我々のテストを他の言語領域にまで拡張することが望ましかった。恵まれた社会層が、あらゆる言語領域で、すぐれた成績と関連しているのか、それともある一領域だけでそうなのかどうかを証明するためである。

多様なテストが、二つの次元を調べるため実施された。このテストは、客観的に観察できる大学の講義や既存のテスト（専門用語の知識を調べる目的でなされる）によって作ったものである。第一の次元では、語彙のいくつかの領域が調査された。つまり、最も学術的なもの（テスト1、2、3）から、具体的で技術的な言語（テスト4）に、そして最後には一般的な文化（テスト5）に及ぶテストである。第二の次元では、言語行動のいくつかのレベルがテストされた。それは、語の文脈上の理解（テスト1）[1]から、複数の意味のある単語 polysémies の正確な理解（テスト3）のような言語操作の最も能動的な形態や、定義の完璧な定式化の能力（テスト2）、そして正確な定義や正確な同義語をリストから選択するやや受動的な能力の測定までカバーしている。一つの言語に対するこれらの様々な関係は、（少なくともフランスの状況では）学校の訓練において全部がどうしても必要というわけではない。そこで、最も学校的な課題を遂行する能力がある特定の社会的変数と関わっているかどう

（1）そうした観念語の例として次のようなものがある。「エピステモロジー épistémologie」「様態 modalite」「種差的 spécifique」「是認可能な plausible」「融即 participation」。

か、またこの特殊な能力が具体的な語彙の知識を伴うかどうかを調べたのである。

（1）「場違いな mal à propos」言葉の知識に関して学生のおかした誤りを指す言葉として、「脱文脈 malapropisme」という言葉を使用したことをお許し願いたい。リール大学文学部の哲学教授W・E・ヴェイルがこの出題のヒントを与えてくれた。またヴェイル氏は、シェリダンなる人物の「マラプロプ氏 Mr. Malaprop」に注意を促してくれた。この氏名とその誤用にこの新造語は負っている。

我々の調査は二つの基本的事実を明らかにしている。高等教育における言語的な理解不全の重要性と、学校的成功における言語上の相続財産の決定的な役割である。学校的規準で測定してみると、様々なテストの結果は、学生たちが学校言語だけでなく日常言語[1]さえも、完全には理解していないことを明らかにしている。そこで、このテストの結果が、半分以上が間違いであるような成績と最も良い成績の回りに集まる傾向を示しているので（この両極の成績分布は非対称であるが）、我々のテストは、何も決定出来ない、またどんな能力を測っているのかも分からないような分布状況を示していると反論されるかも知れない。しかしながら、学校言語の理解度や操作能力を評価するこのテストでは、実際の講義で頻繁に使われるという理由から、言葉を選んでいる[2]。ある単語を頻繁に使うこと、またそれだけでなく、その言葉を定義も注解もせずに使うということは、その意味が理解されている、あるいは理解されるべきだという教師の感情の最も客観的な尺度である。ある言葉の多用と教師のこうした明示的でない要求を関連づけてみると、学生の言葉の理解は、言葉の完全な理解を前提にしている教師の期待とは合致していないと言えよう。教師の要求と学生の能力とのギャップを測るには、観念語の中で一番理解されていない言葉を数えてみれば直ぐ分かることである。全体の六二％が、「アクセプタシオン（受容）」という言葉を「アクセプシオン（意味）」という言葉と混同している。八八％が、「デザンテレスマン（公平無私）」を「マンクダンテレ（興味の欠如）」と解釈している。それに、我々の提示した言葉に何とも奇妙な意味を与える学生もかなりいることはいうまでもない。たとえば「エピステモロジー」にたいして、「個人の日記、手紙など記憶に関係のある学問。エピステモロジーは、筆跡学にも関係があると思います」（女子学生、二〇歳、学部三年）。あるいはまた「言語学的用語の起源に関する研究」（男子学生、学部六年、学校でラテン語・ギリシア語を履修）というのもある。

（1）コミュニケーションにおける理解不全に関するこのテストの結論は、最小限の正当性にとどまるであろう。というのは、個々の教師がよく使う彼らに特有な慣用表現は、除かれているからである。

（2）語彙論的分析に用いられた方法については、付録4を参照されたい。

しかし学生は、教育言語をかくも貧しく理解していながら、小論文を書く段になると、それを曲がりなりにも再現しようとする。学生が教師の言語と取り結ぶ関係を明らかにするには、学生はその個々人の才能と長所を除けば、ほとんど差のない社会学的に同質なグループであるという、学生についての教師に特有なイメージを乗り越えねばならない。実際、言語テストによれば（テストによって多少の違いはあるものの）、学生の社会的出自やその他の特性の多くが、このテストの成績に影響を与えていることがわかる(1)（**表1―1**）。

（1）おおまかにいって学校的な性格をもった問題を我々は二つのグループに区別している。その一つは語彙内容に関する問題であり、もう一つは〔このテスト結果から〕推測される精神的態度に関する問題である。これらの「脱文脈」テスト〔文脈上使えない言葉を見つける問題〕と多義語テスト〔複数の言葉の定義の中から正しい定義を見つける問題〕は、学校で実際行っているやり方と最も近いものである。これ〔学校的性格をもっていること〕に対して、多義語テストは拡張された語彙や〔学校的知識〕より自由な教養を試すものである。定義テストはとりわけ重要である。というのは、概念《ノタスィヨン》〔高校の哲学教育で教えることが義務づけられている諸概念。意識と無意識、など約三

表1–1　全テスト結果（中央値の分布）

		テスト1 マラプロピスム 減点 0～14点	テスト2 定義テスト 得点 5～24点	テスト3 多義語 得点 0～13点	テスト4 固有名詞 得点 0～15点	テスト5 人文学用語 得点 0～9点
専攻	哲学	6.9	13.6	7.1	7.1	5
	社会学	7.1	11.7	7.7	6.8	4.7
	複数専攻	8.6	10.9	6.4	7	4.9
	教養課程	9.3	11.1	5.6	8.3	5.4
	準備級	8	11.9	7	7	4.2
性別	男	7.2	12.6	7.2	6.5	4.8
	女	8.3	11.2	6.5	7.6	4.9
社会的出自	農業、非熟練工	8.1	11.7	6.5	6.8	5.6
	労働者、サラリーマン	8	11.5	6.3	7	4.6
	職人、商人	8.1	11	7	7.2	5
	中間管理職	8	11.5	6.7	7	4.9
	上級管理職	7.4	12.5	7.2	7	4.7
中等教育	リセ	7.8	12.3	7	6.8	4.8
	コレージュ	8.8	11.5	6.3	7.1	5.2
	私立校	7.6	11	6.6	6.9	5
古典語の履修	履修せず	8.3	11.4	6.6	6.9	5.2
	ラテン語のみ	8.1	11.2	6.6	7	5.1
	ラテン語とギリシア語	7.2	12.2	7.3	6.7	4.3
以前の成績	低い	8.2	11.2	6.5	7.3	5.1
	中間	7	13.1	7.8	6.7	4.7
	高い	6.1	14	8.2	5.7	4.2
辞書の使用頻度	非常に少ない	7.5	11.5	7.3	6.7	5.2
	少ない	7.5	12.1	6.8	6.5	4.7
	ふつう	8.2	11.2	6.6	7.3	5.2
	多い	7.7	14.2	6.8	7.1	4.8
	非常に多い	7.2	11.2	6.7	6.7	4.5
大学	パリ	6.6	13.7	7.8	6.9	4.4
	リヨン	6.5	13	6.5	6.6	5.3
	ボルドー	9.1	10.5	7.5	6.3	4.5
	ナンシー	8.3	10.5	6.9	7.5	5.2
	ディジョン	7.1	12.2	6.6	6.8	4.7
	クレルモン	8.1	11.7	6.8	5.8	5.2
	トゥールーズ	9.3	9.5	6.4	8.6	5.3
	モンペリエ	8.8	11.4	6	7.2	5
	カーン	7.8	12.5	6.6	6	4.3
	リール	9	10.5	5.6	6.4	5.3
	レンヌ	8.3	10	7.8	7.6	4.9
計		8	11.6	6.8	6.9	5

○の概念。一九九三年版「教育指導要領」一五―一六頁）の原理は、答案を採点する際の教師の指針になっているものだからである。更に、この多義語テストは様々な不平等な要因がハッキリ現れるものである。多義語テストで用いられた概念は、採点の主観性を少なくする条件で出題されているので、こうした結論は実際の採点者の判断にとって正当なものと言える。つまり、多くの採点者の存在と点数配分（一点〜五点）の明示的な基準表の存在がこれを保証している。一〇二頁注（1）を参照。

文系の学問での成功は、教養ある階級の出身者だけの母語である学校言語の操作能力と密接に関連している。家庭環境のなかで話される言語から生じる障害は、あらゆる文化的障害の中でおそらく最も深刻で最も捉えにくいもの insidieux である。特に学校の初学年には、言語の理解と操作は、教師の成績評価の第一のポイントである。しかも、その出自の言語環境の影響はずっと作用し続ける。〔家庭で培われた〕表現の豊かさやそのスタイル〔文体や話しぶり〕は、暗黙にであれ公然にであれ、程度の差はあるにせよ、大学のあらゆる段階で、しかも理系でさえ、重視され続ける。しかし言語は、単なる思考の手段ではない。言語というものは、語彙の豊かさの違いに加えて、構文法、つまり多様な複雑さをもつカテゴリーのシステムをもっている。複雑な構造（論理的であれ美的であれ）の操作と解読の能力は、学校で習う言語につねにその影響を残す、最初に家庭で話された言語の構造的複雑さに直接依存している。それゆえ、学校的な観点から見て最も重要で最も影響力のある文化の相続（自由教養であれ言語であれ）は、特別な努力も取り立てた行為も必要としないオスモシス的方法*でなされるのである。そしてこのことは、教養ある家庭の出身者に自分の知識や能力や態度は、徒弟的訓練では身に付かないものであり、自分の天賦の才にのみ負っているのだという確信を強めるのに役立つのである。

＊　オスモシス的方法（de façon osmotique）とは、（osmose の原義は「浸透」に由来する表現で、）ひとりでに覚える、特に意識的努力せずに自然に身に付ける方法による学習を意味するラテン語。生まれ育った家庭で空気のように吸

い込んだ、身に付いた「素養」がこれに当たると言えよう。ブルデューは、しばしばこの後天的能力を先天的な「天賦の才」とする見方を「知のラシスム（人種差別）」として批判する（ブルデュー『社会学の社会学』藤原書店、三三九頁を参照）。

一　選別の度合いと成功率

社会的出自、性別、学校経歴などの分析基準によって明らかとなる差異と差異の類型を完全に、また体系的に説明するためには、これらの基準が細分する母集団が大学以前において程度の異なる選別を受けてきたことを考慮に入れる必要がある。外見に反して、統計的分析では、これらの基準によってのみ定義される集団とテストの成功のレベルとの関係を確定できない。たとえば言語テストの成績は、学校経歴、社会的出自、性別、ないしはこれら全ての基準によってのみ特徴づけられる学生の実態ではない。そうではなくて、言語テストの成績は、異なる程度の選別を受けてきた学生集団の実態を表わしているのだ。だから、共時的な関係〔選別の過程を考慮しない〕において、社会的出自、性別、またそれらの相互作用のような要因の影響を直接かつ正確に把握できると考えるのは、部分を総体と取り違える誤り pars pro toto〔= part pour tout〕をおかすことである。つまり、学生はある過去によって規定されているのであり、またこれらの要因の継続的作用を受けているのだから、この共時的分析は具体的な総体である学校経歴の文脈においてのみ意味をもつのである。

選別の度合いと社会的出自

それゆえ、たとえば庶民階級出身の学生の場合、学校言語に対する最初からの不平等の第一の影響は、言語的障害を乗り越えることができず、他のコースに、文系の学問的要求からのがれる術を見つけ出せなかった者たち〔不本意文系志望〕の排除である。その結果、高等教育に進んだ庶民階級の学生は、最小限の言語上の学校的要求を満たすための文化変容に成功し、それゆえ必然的に、まさにその評価基準に基づいて他の集団より厳しい選別を受けることになる。[1] この最低限の基準はすべての者に押しつけられるので、学校言語から遠い社会集団になればなるほど、学校死亡率は高くなる。同様に、選別の結果生まれた集団においては、不平等な選別が、選別以前の不平等の影響を相殺する傾向がある。

（1） バカロレアから卒業論文、アグレガシオン〔中・高等教育教授資格試験〕に至るまで、採点者は文章表現力の評価を優先させるので、専門知識の要求水準を下げざるを得ない。「大事なことは、巧く書けたかどうかなのだ」。エコール・ノルマルの入学試験について、セレスタン・ブーグレは書いている。「一定の量の歴史的事実についての知識を問う歴史の論文テストでさえも、採点者は特に文章の構成力や表現力を評価しなければならないのである」（『ヒューマニズム、社会学、哲学、一般教養のフランス的概念について』エコール・ノルマル・シュペリウール研究報告、エルマン社、一九三八年、二一頁）。アグレガシオンとカペス〔中等教員資格試験〕の報告書もこうした類の断言に満ちている。

文系コースの選別が、最も重視している能力を測定する目的で語彙テストをしてみると、テストの成績と父親の職業とのあいだに通常見られる関係の逆転（少なくとも庶民階級と中間階級の学生に関しては）を説明できる。

この逆転に、庶民階級の学生が経験する過剰選別の効果が如実に表れている。[1]

（1）サンプルとしたマージナルな学科の学生の学業に対する態度に関する調査では、社会的出自と学校の成績の逆転は、見られないように思われる（ブルデュー、パスロン『学生と学業』、前掲書、六三頁）。しかし、今回の調査では成績の悪いこうした学生は、サンプルのほぼ半数に及んでおり、成績と社会的出自との直接的な関係は見られないように思われる。同様に、ヒンメルヴァイトとサマーフィールドは、ロンドン・スクール・オブ・エコノミックスの「成績不振」の学生四〇人と「成績優秀者」の学生四〇人を比較したが、社会経済的特質における、また両親の文化水準における有意差を発見できなかった（ヒンメルヴァイト、T・ヒルデ、A・サマーフィールド「学生の選抜に関する実証的研究（Ⅲ）」『英国社会学雑誌』二―四号、一九五一年一二月）。オックスフォード大学とケンブリッジ大学に関する、ウォルスヴィックとエヴァンスの研究は、社会的出自によって異なる選抜の程度を明らかにしており、社会的出自と成績に逆相関があることを実証している（G・D・ウォルスヴィック「オックスブリッジの解剖学」『教育時報・増刊号』一九五七年五月三日。T・R・W・エヴァンス「ケンブリッジのフィジオノミー」『教育時報』一九五九年一〇月一六日）。マレソンも、ロンドン・ユニバーシティ・カレッジにおける学生の成績とその父親の階級との逆相関を実証している（N・マレソン『大学生』一九五三年、Ⅱ。『季刊・大学教育』一四、一、一九五九年、一九六〇年一月）。

上流階級の学生は、ある種のメリットを享受しているが、これは学校によって直接教えられ、全体的にコントロールされる文化領域の外ではなおさら顕著である。たとえば、古典演劇から前衛演劇へ、あるいは学校的な文学からジャズに至るに従いこうした傾向が示される。[1] だから、学校言語の学校的使用のような行動においては、出身階級による成績の差は、最大限に縮小し、時には逆転しさえする。実際このような領域では、厳しい選別を受けた庶民階級出身の学生は、上流階級の学生（厳しい選別を受けていない）と同程度の、また中間階級の学生（家庭の言語環境の点では同様に不利だが、厳しい選別は受けていない）よりは良い成績を上げている。[2] 様々な指標から、庶民階級の子弟に高等教育への進学を可能にさせる例外的な能力と態度は、大多数の庶民階級の学生が経験するものよりは不利な点が少なかった家庭環境のためであることが明らかとなる。[3]

(1) 参照、ブルデュー、パスロン『学生と学業』、前掲書、第二部。
(2) 過剰選別が依然として規則となっている庶民階級出身の学生と違って、職人や商人の子弟は大学進学の社会的基盤の拡大の恩恵を強く受けている(一九三九年から一九五九年の間で、三・八%から一二・五%に進学率は増大している)。おそらくこれは、生活水準の相対的上昇と学校に対するこれらの階層の態度と関連があると思われる。即ち、職人と商人の子弟は学校の要求する言語習慣の点で庶民階級の子弟とさほど違いはないのだが、庶民階級と同程度の文化環境にありながら、厳しい選抜を受けていないので全ての問題で最低の成績を取っているのである。彼らの内で一二点までの好成績を取っているのは、四〇・五%にすぎない。これに対して、上級管理職の子弟では五七%、庶民階級では五三%であった。他方、上級管理職の子弟の場合、リセ出身者が全ての階級の中で一番よい成績を収めており、コレージュ出身が相対的に悪い成績であった。職人と商人の子弟は、公立、私立を問わず成績は最低のランクであった。中間管理職の子弟の場合も、職人と商人の子弟と同様の構造を示し、またこれと同様の論理で理解できる成績を取っている。
(3) C・S・E(教育高等審議会)が行った医学生に関する調査では、家族の中で高等教育を受けた、または受けている人数の平均は、上級管理職の子弟がそれ以下の階級の四倍であった。また、高等教育の進学率は、同様の場合、四〇倍に達している。このことは、高等教育に進学する恵まれない階級出身の学生は、大学進学への非常に強い主観的希望をもった家庭の出身者であることを示している。参照、ブルデュー、パスロン『遺産相続者たち』パリ、ミニュイ社、一九六四年、四二頁〔邦訳、石井洋二郎監訳、藤原書店〕。

この論理をつきつめれば、言語テストの成績のヒエラルキーと社会的出自のヒエラルキーとの関係は、〔学校言語に対して〕不利な階級になればなる程、選別は厳しくなり、それだけますます逆転する傾向が強くなる。[1] 事実、全般的にパリの学生は、地方の学生より明らかに成績がいいが、このような〔地域的な〕格差が最も顕著なのは、庶民階級の学生においてである(庶民階級、九一%対四六%。上流階級、六五%対五九%)。パリでは、庶民階級の学生が一番いい成績を上げ、次いで中間階級が、そして上流階級が続いている。このような社会的出自とテ

表1–2

	地域	a：言語的優位性	b：大学入学の選抜度	言語レベル（＝a＋b）
庶民階級	パリ	−	＋＋	＋
	地方	−−	＋	−
中間階級	パリ	−	＋	0（＋）
	地方	−−	0	−−
上流階級	パリ	＋＋	−−	0
	地方	＋	−	0

注：＋と−の記号は、三階級の中での相対的な値を表している。0は中間の値である。

表1–3

	パリ			地方			全体		
	庶民階級（%）	中間階級（%）	上流階級（%）	庶民階級（%）	中間階級（%）	上流階級（%）	庶民階級（%）	中間階級（%）	上流階級（%）
12点未満	9	31	35	54	60	41	46	55	42.5
12点以上	91	69	65	46	40	59	54	45	57.5

スト成績との通常の関係の逆転を理解するためには、一方では言語的メリット[2]を含むパリの生活に伴う文化的雰囲気を、他方では教師の教育上の要求水準がパリでは地方より高い事に起因する特別に厳しい選別過程を、共に考慮に入れなければならない。パリと地方の、また様々な社会的集団において、家庭環境による言語的メリットと、大学入学での選別の厳しさを評価（＋ないし−）する方法で規定することができる。言語テストにおける成績のヒエラルキーを説明するには、これらの評価を組み合わせるだけで十分だ（**表1—2と表1—3**）。我々の理論モデルは、パリの庶民階級出身の学生の位置を地方の同じ階級出身者との関係で、またパリに住む上流階級学生との関係において説明することができる。またそれはパリでも地方でも、庶民階級出身者より低い成績を収めている中間階級学生の相対的弱さも説明する。

（1）高いレベルの高等教育機関になればなる程、上流階級出身の学生が多くなるとすれば（上流階級出身の学生は、エコール・ノルマル・シュペリウールでは五一%、エコール・ポリテクニックで五七%であるのに対して、一般の大学では二八・五%である）、選別の程度と成績のレベルの関係のモデルから（証明すべき仮定であるが）中間階級と庶民階級出身の学生の過剰選別は、これらのグランゼコールでは最高に達するのであり、成績と社会的出自の逆相関は完璧になると言える。

(2) 一般的に言って、学生の成績による学部のランク付けと最高の特権に恵まれた学生の割合による学部のランク付けは、概ね一致する。上級管理職の子弟の構成比は、パリで五一・二%、リヨンで四九・三%、ディジョンで四一・二%、リールで二四%、レンヌで一三・六%であった。他方、ラテン語とギリシア語の履修学生の構成比は、パリで三五・五%、リヨンで二六・七%、ディジョンで二九・五%、レンヌで二四・三%、リールで一四・三%であった。定義テストの成績に関しては、その中央値はパリで一三・七、リヨンで一三、ディジョンで一二・二、リールで一〇・七、レンヌで一〇であった。階級的要因を排除した多変量解析でも、パリの学生は常に地方の学生よりも、またその下位集団においても成績が上であった。事実、パリの古典語を履修した学生の七九%、現代語の六七%、ラテン語だけ履修の六三%が、定義テストで一二点以上の好成績を取っている。これに対応する地方の学生は、五四%、四五・五%、四二・五%にすぎなかった。男女ともに、また哲学も社会学も、高校の公立も私立も同じくパリの学生が地方の学生より好成績であった。

この分析によれば、もし大学に入学する庶民階級の学生の割合が無視しがたい数に増大すれば、学業成績と社会的出自との直接の相関関係が〔過剰選別がないので〕再び現れることになる。高等教育においては、この相関関係は学校教育によって直接コントロールされることの少ない領域においてのみ十全に観察される。しかし中等教育では、純粋に学校的な領域で見られるのである。(1)

(1) 実際、M・ポール・クラークの指摘によれば、第六学年〔日本の中学一年に相当〕入学の民主化は一定程度進んだものの、庶民階級の子どもたちはリセ〔一九七五年の中等教育改革以前では、高等教育進学を前提とする日本の中学と高校を合わせた中等教育機関〕よりもコレージュへの進学を勧められているのである。コレージュに進学した生徒の四分の一は、二年で学校をやめており、どうしてもバカロレアまで学業を続けようとする者はごく僅かである（ポール・クラーク「第六学年の家族と進学」、一九六三年、パリ圏における調査。『人口』四号、一九六四年八—九月、六七一頁）。家族の支持が得られないため、彼らは高等教育への進学のチャンスがほとんどない。しかし、ごく僅かの者たちはそれでも中等教育の民主化のおかげで大学に進学するものの、彼らは学校の経歴や文化的素養の面で最も不利な重荷を負わされたままである（コレージュでは古典語教育はないので、社会的出自において同じ高等教育の学生よりも、文化的素養の面で不利である）。こうした現象の社会的意味に触れることなく、「レベルが下がった」とよく言われることになる。

性別による言語的選別

女子が男子より文章を書くことがうまいということは、教師たちの間では定評がある。しかし、こうした印象にもかかわらず、言語操作の正確なメカニズムを測定するテストをしてみると（最後の問題を除いては）、男子学生は一貫して女子学生より優れている。忘れてならないことは、大学、文学部、ある種の学問分野においては、そして彼女たちの学校経歴においては、女子学生の状況は、それぞれの場合において、男子とは異なっている点である。

女子は、男子の二倍の確率で、文学部に入学する[1]よう運命付けられている。男子学生には他の学部への道がより大きく開かれているのに対して、文学部の女子学生は、同じ文学部の男子にくらべて、このような〔言わば〕流刑を受けているため、あまり選別されず、また合理的な志望動機も欠いている。当然、彼女たちの成績は男子学生より悪い。男子と女子の成績の差と彼らのそれぞれの選別の程度を関連づけることで、我々の説明モデルは、もし完全に適用されれば、多変量解析を最大限体系的に使用しても、「両性間の本質的差異」という観念に頼る以外には説明できなかったすべての実験データを説明することができる。

（1）男子学生（全ての社会的階級を含む）のコーホート〔同時発生集団〕によれば、その二三％が文学部に進学しているのに対して、女子学生のコーホートではその五二・八％が文学部に進学しており、女子学生の文学部進学は男子学生の二倍強である。

集団としての女子学生は、その社会的出自、学問のタイプ、学校経歴（たとえば、男子の三六％が全古典語コース、つまりラテン語・ギリシア語を受けているのに対して、女子では一九・五％にすぎない）等に関して、男子学生とは異なっている。学校的成功は、程度の差こそあれ、これらすべての要因に影響される。多変量解析は、多変量の作用を継続的に相殺する neutralisant ことによって、性別とテスト結果との間にある表面的な関係の背後にある他の実質的な関係を照らし出す可能性がある。つまり、多様な下位集団における主要な変数を分離して扱うことでこれが可能となる。

男女の成績上の格差が、古典語の知識、通学した中等教育の学校のタイプ、学校教育のタイプ、社会的出自等の差異に帰することができない時、どうしたら、本質的不平等という見方にたよることなく、男子学生の優位を説明することができるのだろうか。男女間のテスト結果の差異は、社会的出自の分類〔全体〕において同じ傾向を示しており、またこの〔下位〕分類の内部においてもほぼ同じ差異の程度を示している。[1] リセ（男子の七〇％と女子の五四％が高得点）よりコレージュ（男子の六二％と女子の三五％が高得点）を卒業した学生のほうが、この差異がより顕著であることを除いては、このことは通学した中等教育の学校のタイプの如何に関わらずおこっている。

（1）表1—6参照。

リセで実施した調査では、男女は同程度の成績をあげているのだから、大学生の場合の男女間の成績の差は説明される必要がある。[1] おそらくこれは、教育制度のこれら二つのレベルの間で男子と女子とでは程度の異なる選別を経験するからであろう。中等教育では、それぞれの同年齢人口に対する学生の性比[2]は、非常に接近している。従って中等教育では、男子と女子はほぼ同程度の選別を受けているものと思われる。大学の文学部ではこれとは違って、同じ社会的出自で比較してみると、女子学生は非常に低い選別しか受けていないのだ。

（1）リセの生徒（パリと地方の三年生三〇五人）を統制群とした調査では、女子の生徒は男子の生徒と同じ成績を上げている。つまり、脱文脈テスト（減点法）では、その中央値は男子で九・五、女子で九・一であった。人文学的用語のテストでは、各々五・五と五・四であった。

（2）一九六二―一九六三年のB・U・S〔Bureau Universitaire des statistiques＝大学統計局〕の統計によれば、公立高校の三年女子は、四六・八％、二年と一年は五〇・六％であった。

文学部における女子学生の比率の高さは、言語の論理的抽象的操作（人文学領域で必要とされる最も特殊な能力である）における特殊な能力をなんら説明しない。なぜ、女子に文学部への進学を運命づける客観的なメカニズムが効力を発揮できるかと言えば、その一端は、このメカニズムが作り上げる「女性的」資質なる社会的定義にあるのだ。つまり最終的に女子は、女らしい学問という定義が彼女たちに押しつけている外的必要性 nécessité を内面化しているのだ。客観的運命を天命 vocation とし、文学を最も女子に相応しい天命とするためには、女子（とその家族）は、特に微妙な発音にたいする繊細さや印象的な言語使用の才能のような、女性的資質の伝統的イメージをかたくなに信奉する必要がある。熟考の末の選択ないし体験上の必要性にもとづいて彼女たちが文学部に入学したとしても、それでもまだ彼女たちの「選択」は、女性に特定の活動を強いる社会的運命を考慮に（間接的ではあるものの）入れている。人文学のイメージが、これらの領域の実際の研究を規定する知的要求ではなく、社会的なステレオタイプに基づいているので、こうした社会的運命は、合理的でもないし、適切なものでも

表1–4

	古典語未履修		**ラテン語**		**ラテン語・ギリシア語**		**全　体**	
	男（%）	女（%）	男（%）	女（%）	男（%）	女（%）	男（%）	女（%）
12点未満	34	**60**	39	**58.5**	**41.5**	36	38	**54**
12点以上	**66**	40	**61**	41.5	58.5	**64**	**62**	46

＊%は列内での構成比。太字による強調は、三つの履修コースにおける傾向性を示している。

ない。

選別の度合いと成功の度合いの関係の論理から解釈できないものは何もない。〔中等教育で〕ラテン語もギリシア語も選択していない〔古典語未履修〕か、ラテン語だけを選択した男子学生は、同じ学歴をもつ女子学生より成績がいい。しかし、古典語の教育を受けたグループ内では、女子学生の方が男子学生より成績がよい（高得点をあげているのは、男子の五八・八％に対して女子は六四％である。**表1―4**参照）。

疑いなく、この通常の差異の逆転は、女子が男子学生よりギリシア語・ラテン語を履修するチャンスが少ないためである。なぜなら、古典語を学ぶ女子学生は、同じ履修をする男子学生より高い選別を受けているからである。カリキュラムのガイダンスと進路指導を支配している伝統は、女子学生の古典語履修をほとんど勧めないので、この流れにさからう少数者は、より厳しい要求を満たさなくてはならなくなる[1]。同様に、各々の関係はそれが存在する構造全体の機能としてその意味を獲得するのであって、古典語教育がよい成績と自動的に結びつくわけではない。ラテン語・ギリシア語を履修した女子は、ラテン語しか履修しなかった、あるいはラテン語もギリシア語も履修しなかった女子より成績がいい。しかしそれとは逆の現象が男子学生には観察される。すべては、再び程度の異なる選別の効果に関係している。ラテン語とギリシア語両方を履修していれば、女子も男子も必然的に、文学部に入学することを余儀なくされる。しかし、現代語コースを選択したり、積極的な志望理由から文学部を選択したり、熟慮の上で選択した男子学生は、他の男子学生よりは高い選別を受けたこ

表1–5

		a：言語的優位性	b：大学入学の選抜度	C：文学部の選抜度	言語レベル（＝a＋b＋c）
庶民階級	男	−	＋	＋	＋
	女	−	＋＋	−−	−
中間階級	男	−	0	＋	0
	女	−	0	−	−−
上流階級	男	＋＋	−−	＋＋	＋＋
	女	＋＋	−−	−	−

表1–6

	庶民階級		中間階級		上流階級		全　体	
	男(%)	女(%)	男(%)	女(%)	男(%)	女(%)	男(%)	女(%)
12点未満	35.5	53.5	43	60.5	33	47	38	54
12点以上	64.5	46.5	57	39.5	67	53	62	46

となる。

（1）一九二五年までは、バカロレアを受験しようとする女子生徒は、古典語の補習を受けねばならなかった。一八八一年に作られたリセとコレージュの指導要領では、男子生徒は古典語が必修であった。

社会的出自と選別の程度（大学入学と文学部進学）に起因し、階級と性別で異なる言語的メリットは、相対的な価値をもっている。この価値の組み合わせが、学生の様々な下位集団が獲得した定義テストの成績のヒエラルキーを再び説明する（表1―5と表1―6*以下を参照）。

＊　表1―5は、＋と−の記号は選別の相対的な程度を表している（P・ブルデュー、J-C・パスロン『遺産相続者たち』一六―一七頁参照）。

選別の度合いと専攻

学生を専攻の違いによってランク付けすることは、中等教育の間に彼らが経験した選別の厳しさに従って学生をランク付けすることに他ならない。この選別において学生たちは、教育制度において、またそれによって承認された教育にむけて、訓練され割り振られていく。そして確かに、複数専攻 études composites から社会学や哲学の学士課程 licence に至るまで、あるいはまた、大学の予備課程*からグランゼコールの文学部専攻への準備学級までがランク付けられているこのヒエラルキーを上がるにつれて、最も自由な専攻から最も権威のある専攻へと、常に言語テストの成績はよくなって行くのである。

* 原語の propédeute(プロペデュート)は、フランスの大学制度において、戦後一九四八―一九六六年まで続いた、一年間の予備課程、教養課程の学生。

教育課程の上では同じレベルにあっても、大学の予備課程の学生とグランゼコール準備級の学生〔カーニュ〕とは、非常に差のある成績を取っている。たとえば「多義語」の評定テストでは、大学予備課程の学生の三〇%に対して、最も厳しい選別をうけ、長い学歴をもつグループ〔つまりグランゼコール準備級生〕の六〇%が、九個以上の間違いをおかさなかった。

伝統的な考え方では、グランゼコール準備級の学生と大学予備課程の学生の間の、多くの「レベルのちがい」を引き合いに出す。しかしこの「ちがい」を、最良の学生を貴族的教育の文化的パラダイスに送りこみ、勉学熱心な平民を「大衆的教育」の煉獄へと送りこむ、天賦の才の解消しえない不平等のせいにする前に、学校的運命が分離するこれらのグループの社会学的特徴を検討してみる必要がある。上級管理職と中間管理職の家庭出身の若者は、それぞれグランゼコール準備級学生の五七%と二六%を占めており、また大学の予備課程の三八%と三七%を占めている。そのうえ、これは社会的出自との関係がないとは言えない事であるが、グランゼコール準備級の学生の三八%がラテン語・ギリシア語両方を履修しているのに対して、大学の予備課程ではラテン語・ギリシア語両方を履修しているのは一六%にすぎない。グランゼコール準備級の学生は全員二一歳以下であるが、これに対して大学予備課程では二一歳以下は八〇%すぎない。さらには、リセ出身が大学予備課程では六〇%にすぎないのに比べ、準備級の学生は八九・五%にのぼる。学校が、エリートであると認めたいと思っている集団の成績が優秀であるという事は、言語テスト、とりわけ定義テストが我々の測定しようとしていること、すなわち文学のテストで要求される言語行動を、適切に測定しているということをまたしても証明する。しかしながら、この評価基準を用いている教師の価値判断を測定するという部分は、この基準に対する価値判断を含まない。

グランゼコール準備級の学生と大学予備課程の学生の間には、定義テストの成績に歴然とした差がある。準備級の学生はすべて、フランスの高等教育が彼らに要求し、その「エリートコース」への入学を認める基準を越える成績をあげている。[1] 大学予備課程の学生の七四%、準備級学生の六五%が、だいたい成績の平均的なレベルをとっているとしても（九点と一三点の間）、大学予備課程グループの一四%が九点以下をとっているが、準備級グループではこの点をとった者は一人もいない。それどころか、グランゼコール準備級グループの学生は、三四%が一三点以上の好成績をあげているが、大学予備課程の学生では一〇%にすぎない（付録3参照）。

（1）この問題では、全くなにも書かない可能性があるので、その採点法は差がでるように配慮している。採点者の持ち点は五点とし、二人で採点。従って、満点は十点となる。たとえば、「土地台帳 cadasre」のような用語の場合、採点は次のように明示的な採点基準で行うよう指示されている。一点／言葉の意味に関連のない答。二点／無回答。三点／土地に関するものである事がわかるもの。四点／土地台帳の定義（地域レベルで土地の性質を規定し、土地税の賦課を決定する基礎資料）を叙述。但し、定義の論理的方法に従っていない叙述。五点／定義の公準（原理に即した文章＝過不足のない定義と定義に限定した叙述。関連するジャンルの明示化。特定化した正確な定式化）と土地台帳の特殊性を完璧に列挙。常識外れの定義をし、この言葉の意味を全く知らない者、即ち一点の者はいなかった。カーニュの学生には、「はったり屋」や全く見当はずれの者はいなかった。

多義語のテストになると、準備級の学生の成績と大学予備課程の学生の成績は、またしても大きな差が出る（大学予備課程の学生と準備級学生の各々の成績の最頻値は、五と七で、中央値は五・六と七である）。しかしながら多義語テストの場合、ふつう各々のグループの成績は定義テストのように非対称ではなく、むしろ正規分布を示す傾向がある。多義語の問題が、観念語とも関連しており、また分析的態度を必要とするにせよ、それは定義テストのようには準備級の学生と大学予備課題の学生との間に差をつけていない。従って、その目的がレベルの違いを強調することであるような、学校の伝統的な採点の結果（定義テストと最も関連している）に疑問を持たざるを得ない。こうした採点では、点数を正しく割り振ったと信じて、結局我々は学生を「優秀」「中程度」「劣る」のカテゴリーに分けることで満足しているのだ。[1] つまり、こうした〔三段階評価のような〕予見をもった採点の仕方は、学校の評定というものの特殊な効果を例示することになる。採点者は、点数によって、総合的で分類的であると共に微妙で捉えがたい評価を表現しようとする。採点者が作り出した細かい差異（〇・五点や〇・二五点といった）によって、大群衆〔大量の学生〕が分類される。この大群衆の中に、成績のヒエラルキーを確定することなどできないにもかかわらず。試験学的 docimologiques 研究は、大量の採点をする場合、その点数の変動幅が教師の評価の分類に対応していることを明らかにしている。要するにそれは、ある点数の幅で区切られた分類となる。つまり、二〇点中五点以下であれば、それは「劣等」とみなされ、しばしば嘲笑や憤慨をさそう。六点から八点の場合、「月並み」、「哀れな attristant」といった評価がなされる。九点と一一点の間は、「平均的な成績」と言われ、あきらめた不満（非難しながらの黙認）の反応がかえってくる。一二点から一五点は惜しみない激励が与えられ、そしてこれを越えると「優秀〔出来る〕」とされる。

（1）減点法で採点した（誤答の数で採点）専門用語のテストでは、差がはっきり出ている。予備課程の学生とカーニュの学生では、その最頻値はそれぞれ八と七、中央値は八・三と六・九であり、それぞれの成績の分布は、正規分布を示していた。定義テストでのカーニュの学生の成績は、良かった（誤答数が一一を越える者はいなかった）。

そして大学の学部になると、同様の差異のシステムが、専攻コース間で見られる。複数専攻の学生たちは、[1]常に三つの最も学校的なテストで最低の成績をとっている（しかしこの成績上の差異は、専門用語や人文学用語の知識になるとなくなる）。社会学の学生は、複数専攻の学生よりはわずかに良い成績を獲得しているが、哲学の学生よりは常に劣っている。この差異もまた、専門用語や人文学用語のテストでは無くなってしまう。最も「自由な」専攻では、学校的要求に最も適合していない学生を集めている。そしていずれにせよ、最も選別を受けていない学生が避難場所としているこの専攻の大部分の学生は、それゆえ、大学の専攻間の制度的ヒエラルキーの永続化に寄与すると同時に、このヒエラルキーをあらわしている。[2]

（1）ここでいう複数専攻の学生とは、同時に複数の卒業資格を得ようとしている学生のことである。即ち、哲学と社会学、社会学と心理学、社会学と文学の卒業資格の取得を目指している学生である。またこのグループは、どのカリキュラム〔教育課程〕にも関係しない、ディレッタントの学生も含んでいる。

（2）実際、哲学のような特に聖別化された consacrée 専攻は、哲学を社会学から区別するような、相対的に不均質な学生を集めている。おそらくそれは、哲学が享受している威信が学校的世界に最も適合した学生だけでなく、最も適合しない学生をも集めているからであろう。従って、このグループは、最も学校的な問題では四分偏差が最も大きいのである。つまり、最も成績の良い者と最も成績の悪い者が併存している。

社会学の学生は他の学生グループより年齢が高い[1]傾向にある。彼らはしばしば私立学校の出身で、[2]ラテン語[3]を履修しており、理系の訓練は受けていない。これらの特徴は、彼らの大部分が、苦労の末この新しい専攻に決める前に、大学でもたついていたことを示している。複数専攻は、新入の女子学生がかなりの割合を占めている（哲

表1–7

	哲学			社会学			複数専攻			全体		
	庶民階級(%)	中間階級(%)	上流階級(%)	庶民階級(%)	中間階級(%)	上流階級(%)	庶民階級(%)	中間階級(%)	上流階級(%)	庶民階級(%)	中間階級(%)	上流階級(%)
12点未満	25.5	34.5	20	33.5	46	53	60	66	51	46	55	42.5
12点以上	74.5	65.5	80	66.5	54	47	40	34	49	54	45	57.5

学の学生の五八%、社会学の学生の五一%に対して、七〇%)。彼らは社会学の学生より若く、様々な大学教育を「試しに受けてみよう」としている。だがおそらく、多くの場合勉強の中断に終わるこのグループには、ハッキリとした適性 vacation はないと思われる。

(1) 哲学専攻の学生の年齢層は、二一歳以下が多数派(四七・五%)であり、社会学の学生の二倍である。社会学専攻の学生の多数派(五七%)は、二一歳から二四歳の年齢層であり、また複数専攻の学生も二つの年齢層に分かれている。

(2) 社会学専攻の学生の約半分は、私立校の出身であり、大部分(五九%)がリセ出身の哲学専攻の学生では、私立校出身は二七%にすぎない。

(3) 哲学専攻の学生は、古典語教育を多く受けている。哲学の学生は三三・六%、複数専攻は二〇・五%、社会学は三〇%が古典語教育を受けている。

哲学の学生は、一般に、社会学の学生より明らかに優れた成績をあげている(定義テストでは、社会学の学生の五三%に対して、七五%が一二点以上であった)。また他方では、上級管理職の息子は、中間階級のそれよりも良い成績をとっている。多変量解析は、哲学の学生の間では上級管理職の息子は他の階級の全てより成績がよいが、社会学の学生の間では逆に、最も悪い成績であることを示している。つまり、社会学のような専攻は、だいたいの傾向として、学校的要求に一番適応できていない上級管理職出身の男子学生の避難場所の役割を果たしているのだ。同じ傾向は、より少ない程度ではあるが、中間階級の学生の間にも見られる。中間階級の学生のうちで、哲学を専攻する学生は、社会学を専攻する学生よりよい成績をとっている。しかし哲学と社会学の間のこの成績の差は、庶民階級の学生の間では最も小さい（表1―7を参照）。

同様に、哲学、社会学、複数専攻において、男子学生は全体として女子学生よりよい成績をとっているが、その差は哲学で最も大きい。言いかえれば、男性の優位は、すべての学生の成績が高いある専攻グループ〔哲学専攻の学生〕では、とりわけ目立つのである（哲学ではこの差は二〇・五％であり、社会学では一二％であり、複数専攻では八・五％である）。このことは、高等教育の適性があまり考えられていない、男女のそれぞれの割合は、専攻学部によって違ってくると言えそうである。すなわち、哲学は、その専攻の選択において志望理由が最も明確な男子学生の割合が、それに相当する女子の割合をはるかに上回っている専攻である。あらゆるテストの成績が男女共によくない最もマージナルな専攻は、あまり男子は志望しないし、両性間の成績の差は少ないのである。

＊

もし、観察されるすべてのバリエーション〔多様性、この場合は言語テストの成績の違い〕が、そこにおいて、またそれを通して作用する、諸関係の総体的システムによって異なる効果をおよぼす一つの原理から生じるのだとしたら、それは、そのようなバリエーションが部分的な関係の寄せ集めを表現しているからではなく、あらゆる個別的な関係の意味を決定するのが、関係の全体的システムであるような一つの構造を表現しているからである。従って少なくともこの場合、多変量解析は発見的な役割を果たすだけである。またもし、こうした構造的方法が論理的全体に位置づけられないなら、多変量解析はアポリアか、あるいは純粋に抽象的な諸関係の実体化〔物象化〕**reification** に行き着くであろう。この論理的全体は、媒介としての過去と現在の状況とを取り結ぶ関係全体によって規定される社会集団の全存在から、この〔分析上の〕諸指標に沿って切り取られる。

二　媒介としての学校経歴

社会的出自とテスト結果との関係の様々なタイプを完全に解明するには、それぞれの社会集団における学校経歴と成功との関係を考える必要がある。実際、学校経歴の全ての構成要素（教育課程コースや時間割の選択、通学する学校のタイプ、そして以前の成功など）は、家庭環境の直接的な影響を特殊学校的論理に翻訳することによって、転換することになる。

これまで我々の分析で用いてきた諸変数と学校の成績との間の有意味な関係は、最も学校的なテストにおいてのみ表れていた。しかしながら、学校的成功の指標（以前の試験で取った良い成績の数）とラテン語・ギリシア語の教養は、他のどんな要因よりも、良い成績（どの言語テストでも）と一番強い関連をもっていた。

成功の度合いとギリシア語・ラテン語の教養

教育の現状と現在の教育方法では、言語の習得において優れているのは、常に古典語を履修した学生である。古典語教育が、学生に特権的な言語の訓練や精神的な訓練を強いることで、言語操作における優れた能力を与えていると認めることもできるだろう。しかしまた、この〔古典語と成績との〕関係は、他の関係を隠しており、古典語教育が実際に他の要因がそれを通して効果をおよぼす媒介物として作用していると考えることもできる。現在の教育課程における募集では、ラテン語とギリシア語は、主に、学校的要求への強い適合において際だっている学生たちによって履修されている。そこには、すでに過剰選別を受けた、庶民階級出身の学生の小さな集団（二四・五％）も含まれている。それは、社会的特権を学校的特権に転換するあらゆる手段をもった裕福な家庭出身の男子学生の割合（二八％）と、ほぼ同じ程度である。

しかし、教育的保守主義が古典語教育の賜だとする諸徳性を疑う理由はほかにもある。たとえば、ラテン語だけを習得した学生は、現代語教育のみの学生より優位を示していないのに、最も古典的な訓練（ラテン語・ギリシア語）を受けた学生だけが、どの言語テストでも、最高の成績を上げていることをどのように説明できるのだろうか。ラテン語の訓練がその発達を促すと見なされる知的能力を測定するために作られた多義語テストや「マラプロピスム」、（すなわち試験官いうところの「誤った意味」の把握）では、ラテン語履修者と他の者との間には、ほとんど差がない。言語テストで際立った言葉の巧みさを示すのは、ラテン語とギリシア語両方を履修した学生だけである。なぜなら、古典語学習が頂点を占める教育課程コースのヒエラルキーのイメージに従って、選別されている（あるいは選別された）のは、彼らだからだ。中等教育のシステムのエリート・コースには、その初学年から、特別に良い成績をとっていなければならない。そして実際、よい学生を最良の学生に変えることの得意な教師たちをひきつけるのも、このコースなのである。(1)

(1) 専攻コース間のヒエラルキーについてのイメージは、その影響力を今や失いつつある。しかし以前は、古典語コースの卓越性は、コースの選択が成績だけでほとんど機械的に決められていたので、それは議論されることはなかった。現代語コースの選択は、それだけで追放であり、失敗を意味していたのである。一九二五年の中等教育計画の実施要領の序文は、次のように述べている。「Bコース〔バカロレア受験コースの社会・経済領域〕が劣った学生を集めているという大きな理由の他に、この現代語コースの孤立化が、これ〔Bコース〕に対する不人気を長引かせる大きな理由になったと思われる。この不人気は、現代語コースがラテン語を履修させないこと、またこのことが生徒を侮辱された状況に置いていることに起因している。教育の価値が教える内容に依存しているという根深い偏見が、今なお存在していることにその原因がある。即ち、ラテン語とギリシア語を教えるという理由から、古典語コースはレベルが高いとされているのである」(『広報 Journal Officiel』一九二五年九月三日)。

従っておそらく、ギリシア語とラテン語の学習は、良い成績と結びつけることができるであろう。(1) しかし、このことは、この成功がこれらの特別な教育それ自体の価値によるものであることを意味しない。もし、最も優秀な成績を取る医系の学生が、ギリシア語を履修しているのに対して、最も悪い成績を取っているのも実はギリシア語を履修している学生なのである。(2)

(1) ラテン語とギリシア語の履修それ自体が、学校的有利さを生み出しているわけではない。このラテン語とギリシア語を履修したか否かという事とは別の指標で見ると、即ち公立のリセ(ラテン語とギリシア語の履修者は、公立のリセで二五・八%、私立で三一・一%)出身の学生の方が、〔古典語履修者の多い〕私立のリセ出身の学生より良い成績を取っているのだ。むしろ、ラテン語もギリシア語も履修していなかった旧制度の公立のリセ出身者の方が、これを履修していた私立のリセ出身者より良い成績を上げている。

(2) 最も良い成績を取っているのは、ラテン語とギリシア語を履修している学生(三六%)である。最も悪い成績を取っているのは、現代語教育を受けた学生(四六・五%)であった(参照、パスロン、M・ド＝サン＝マルタン『学生と学業』、『ヨーロッパ社会学センター雑誌』謄写版、一九六四年)。

これらの知見からすれば、〔どの科目が教育効果があるか否かといった〕個別的な教育方法の選択は、一義的には決定することが出来ないことになる。我々は、中等教育における古典語教育(ギリシア語・ラテン語)と今回のテストの結果との関係を論証した。そこからは、次の二つの結論を引き出し得ると言えよう。その一つは、古典語の訓練は、観念語の理解と操作の技術的前提条件であり、またそれは最も抽象的な学問での成功のための必要条件であるから、古典語の学習を一般化すべきだという結論である。もう一つは、古典語教育をやめることはないにしても、学校での成功が時代遅れな知的訓練に依存しないようにするためには、中等教育の言語的要求を緩和すべきだという結論である。言い換えれば、現在の試験制度では特定の訓練が有利になるので、我々は、この事をこの訓練に賛成する論拠とすることもできるし、あるいはまたこの訓練を要求しつづける試験制度に反対する論拠とすることもできるのだ。(1)

（1）更には、試験制度だけが問題なのではない。大学の教師は公然とはレトリック的要求を重視しているとは言わないのだが、自分が行う教育となると言葉の巧みさを自然なものとする傾向があるので、結局はこれをこっそりと要求する事になる。言い換えれば、試験制度の客観的要求は、大学教師のレトリックの使用と切り離し難く結びついているのだ。なぜなら、大学教師は〔言葉の〕解釈や使い方や評価を独占しているからである。

社会的経歴から学校経歴へ

観念語と慣れ親しんでいることとは、大学での成功において依然として必要不可欠な要因である。そしてこのことは、試験制度の（暗黙、あるいは公然の）評価基準において、レトリックの巧みさが重要性をもっている事を把握していれば分かることである。ギリシア語とラテン語を履修した学生は、どの言語テストでも最も良い成績を上げていた。そして彼らの優秀さは、大学以前の学校における良い成績(1)と関連していた。そして彼らは大学以前の試験でも最高の成績をあげている。彼らの修辞上の習熟によって、あるいはそのために選別された古典語コースの学生は、フランス式の試験の要求にかなった、またまさにその要求によって生み出された学生のイメージを最も完璧に実現しているのだ。

（1） 良い成績を取った学生は、ラテン語とギリシア語の履修者で三九％、その未履修者は二一％であった。

様々な社会的 classes sociales 階級の学生と文化の世界との、より正確に言えば学校制度との関係を完全に把握するには、それぞれの階級の状況において、社会的遺産の学校的遺産への転換[1]が、それを通してなされるような、ある論理を捉え直す必要がある。しかし同時に、諸階級の状況の二次的な差異が、階級的状況そのものや、階級的状況に付随する文化的雰囲気と多様な関係を作り出す事や、またこれによって階級帰属の効果が変形されたり、逆転されたりするという事実も見落としてはならない。

（1） この転換のメカニズムは、物質的条件に還元されてはならない。M・ポール・クラークは次のことを明らかにした。仮に、第六学年〔日本の中学一年〕の生徒の場合、「優秀な生徒」は家庭の所得に従って増大するとしても、親の学歴が同じ場合、所得（特に、世帯主の）は何ら学校の成績に影響を与えないが、これとは反対に所得が同じ場合、生徒の親がバカロレアを取得している方が成績が良いのである。つまり現状では、家庭環境が学校の成績に影響を与えるのは、文化＝教養だけなのである（M・ポール・クラーク『第六学年における家族と学校的志向』、前掲同書）。実際は、生徒の父母の文化水準だけでなく、それぞれの祖父母の文化水準も考慮に入れなければならない。従って、生徒たちの文化的実践や教養に対する社会的出自の影響が、はっきりあらわれるのは、父親の職業だけでなく、祖父の職業も調べた場合なのである（参照、ブルデュー、パスロン『学生と学業』、前掲書、九六―九七頁）。

たとえば、上級管理職の家庭出身の学生のテスト結果は、二つの形態に分かれる傾向がある[1]（そして他の文化的行動においても同様にこのような二重の傾向を示す）。この統計的な分類には、実際は、その文化的志向とまたおそらくはその二次的な社会的特性においても、著しく異なる二つの集団が含まれている[2]。自分たちの文化資本を学校的に活用してきた人たちは、その特権によって単に慣習的に子どもたちを学校に通わせているに過ぎない人たちとは違っている。リセに通っていた（これは教育に対する熱意とその成功の良い指標となっている）上級管理職出身の学生のうち、六四・五％が定義テストで一二点以上をとっている。これに対して、私立高校に通っていた学生で同じ点数を獲得したのは四七％であった。[3]

（1）付録3参照。
（2）今回の我々の調査のねらいは、それぞれの家族の価値〔観〕のタイプと、家族の布置状況（たとえば、〔祖父母の代まで遡る〕拡大家族の文化的同質性と異質性）の構造との関係を確定することにあった。その結果、上級管理職の子弟はその文化的遺産を十分に活用するというよりも、浪費する傾向にあること、また労働者の子弟は〔学業を〕断念するのではなく、勉学に励む傾向にあることが明らかとなった。
（3）一九六四年の学力検定試験では、公立校出身の受験者の合格率は六五％であり、私立校出身のそれは五二％であった。この第一次の選抜で良い成績を収めた公立校出身の学生は、バカロレアでは私立校出身者よりズバ抜けた合格率を上げたわけではなかった（公立校は六六％、私立校は六一％。参照、『統計情報』六六号、一九六五年一月）、この違いが生じた理由の一つは、私立校が見込みのない学生を集めていることにある。しかし、庶民階級の学生にとっては私立校は避難所の役割を果たしていない。このことは、庶民階級の学生は、中等教育が公立校か私立校かに関係なく、私立校に通った恵まれた階級の学生よりも定義テストで良い成績を上げた理由を説明する。

上級管理職の家庭出身の若者たちの中にある異質性は、彼らの定義テストの結果のパターンにはっきりと表れている。彼らの成績分布が示す明確な二つのパターンは、庶民階級や中間階級の学生の成績分布が示す正規分布の傾向とは対照的である。人文学用語に関するテストの成績は、階級によって異なるパターンを示している。成績のレベルは階級の位置にそって上がるが、同じ社会集団内では、正規分布になる傾向がある〔一三〇頁の棒グラフ参照〕。その理由はおそらく、このテストが定義テストと違ってレクシス（語彙）の知識のみを要求するため、人文学用語のテストでの成功が、その実際的活用よりも、文化的相続財産に直接的で機械的に依存しているから

表1–8

	古典語未履修			ラテン語			ラテン語・ギリシア語			全体		
	庶民階級	中間階級	上流階級	庶民階級	中間階級	上流階級	庶民階級	中間階級	上流階級	庶民階級	中間階級	上流階級
12点未満	52	54	39	48	58	52	38.5	55	26.5	46	55	42.5
12点以上	48	46	61	52	42	48	61.5	45	73.5	54	45	57.5

であろう。

社会的出自による不利は、主に進路選択(1)に引き継がれていく。それ故、上級管理職の家庭出身の学生が、ギリシア語とラテン語の教育を、あるいは少なくともラテン語だけでも受ければ、よい成績を取るというのは、当然のことである。これに対して、庶民階級の子どもは、ラテン語履修者の集団の中では優れている。なぜなら、彼らのラテン語の選択は、おそらく特殊な家庭環境のせいだからである。彼らは、ラテン語クラスに入るのはごく希な階級に属しているので、このような進路選択にふさわしいたゆまぬ努力を続ける、特別な資質を示さなければならなかったのだ(2)。古典語教育最上級コース〔ラテン語とギリシャ語を両方履修する過程〕を履修している学生の下位グループにおいて見られる現象は、庶民階級出身の学生がこの課程を履修した学生全体とほぼ同程度の成績をあげている点(庶民階級出身の学生のうち、十二点以上の成績優秀者の比率は、六一・五%であり、学生全体では六二%であった)であり、また庶民階級出身の学生の成績が上流階級出身の学生の成績(七三・五%が成績優秀者)よりは少し劣っているという点であった。こうした現象は、このコースにおいて、庶民階級出身の学生たちは、恵まれた学生たちと競争しているという事実から説明される。この恵まれた学生たちは、自分たちの特権をフルに活用し、教養階級に自分たちが属していることから得られる、多くの優位性のお陰で、自分たちの進路選択から得られるあらゆる利益に浴しているのだ。

(1) ここで、庶民階級の学生でラテン語を履修した者は、恵まれた階級の学生の三分の一であったことを思い出していただきたい。

（2）どんな中等教育を受けたかに関わりなく、中間階級の学生はいつも最も悪い成績を取っていた（その半数以上が、どの我々のテストでも一二点以下であった）。このことは、中間階級の学生の成績が最低であることを説明するモデル（本書九四頁）を確証する。

＊

様々な決定要因を、ましてや、一つの決定要因を学校経歴を構成する関係のシステムから切り離して考えると主張することは慎重さを欠いたことと言えよう。最も高いレベルの大学の課程における成功は、最も遠い学校的過去との密接な関係を依然として保っているし、これによって社会的出自とも密接に関連している。高等教育への進学やまたそこでの成功でさえ、学校での初期の成功に深くかかわっていることは誰にでも分かることである。これらの結果から引き出せるすべての意味は次のことである。レベルの違いはあれ、古典語コースを選択するといった、非常に早い時期の選択が、高等教育への進学とそこでの成功の非常に高いチャンスと結びついていることを認めねばなるまい。要するに、ゲームは早い段階で終わっているのだ。勝つチャンスが、様々な社会的環境出身の学生たちに、これほど不平等に配分されているのに、それでもゲームについて話すことができるなら。

しかし、社会的帰属に、因果的な連鎖の最初の糸口を見るべきではないだろう。なぜなら、階級帰属がその影響を完全に行使するのは、それぞれの媒介物を通してだからである。従って、たとえば、ただ抽象化することによってのみ、「学生」について語れるのであるが、この学生は、労働者の息子であり、あるいはまた（多変量解析がやったように）ラテン語とギリシア語を履修している労働者の息子なのである。労働者の息子という状況によって、我々は、ラテン語を学習することあるいはしないことが、高等師範《エコル・ノルマル》や小神学校《プティ・セミネール》に進むことが、また哲学教師や臨床心理学者になることが、彼らにとって何を意味するかを理解することができるだろう。しかし我々は、たまたま仮定として取り上げられたある一つのことから、あれやこれやの経験を再構成することはできない。これらの抽象的名称が表す現実の《リアルな》経験は、それが階級状況 la situation de classe によって構成されてはじめて、具体的な、まとまった、意味のある経験となる。階級状況という視点こそ、あらゆる可能な視点がそこから展開されるような、またこれ以上どんな視点も不可能であるような視点なのだ。

〈付録1〉調査対象者（学生）の特性

前回の調査と同様に、本調査は文学部の講義に実際に参加していた学生グループを対象に行われた。ところで、これらの学生グループは全体として、母集団である文学部をきわめて正確に反映していた。六三・六％の女性を含むサンプルに対して、B・U・S*の一九六一―一九六二年の統計は、六三・三％となっている。父親の職業によるサンプルの内訳も、B・U・Sの統計値にきわめて近い。そして、サンプルの二八％が庶民階級（農業労働者、工業労働者、事務労働者）の出身であり、一九％が職人ないし商店主、一六・九％が中級管理職、三六・一％が上流階級出身だった。B・U・Sの統計によれば、文学部のそれぞれの構成比は、二〇・八％、一三・六％、二三％、三〇・四％であり、不労所得生活者およびその他は一二・二％である。

＊ B・U・SはBureau Universitaire de Statistiques（大学統計部）の略である。現在これに当たるのは、D・E・P＝Département d'Étude et Prévision である（エコール・ノルマル教授クリスチャン・ボードゥロの教示による）。

男子学生と女子学生では、前回の調査同様、年齢に違いが見られた。すなわち、女性は、どのレベルの調査でも男性より若く、男性の二六・七％に対して、女子の四五・九％が二一歳以下であった。一方、女性は男性よりも比較的恵まれた階級の出身であり、三八・三％が上級管理職出身、一八・一％が中級管理職出身であった。これに対して、男性ではそれぞれ三五・五％、一四％であった。

表1–9　社会的出自と大学の構成

	ボルドー	カーン	クレルモン	ディジョン	リール	リヨン	モンペリエ	ナンシー	パリ	レンヌ	トゥールーズ
庶民階級 （農業、労働者、サラリーマン）139人	4	17	4	9	6	13	26	7	23	11	19
中間階級 （職人、商業、中間管理職）　178人	10	11	8	1	10	16	35	14	32	21	20
上流階級 （自由業、上級管理職）　179人	13	9	6	7	5	18	21	16	60	5	19
計 496人	27	37	18	17	21	47	82	37	115	37	58

社会的出自についても、前回の調査において報告された傾向が確認された。すなわち、上流階級の学生は、農業労働者、工業労働者家庭の学生よりも若い。すなわち、上級管理職の息子の四五％が二一歳以下であったのに対して、庶民階級では三四・五％だった。

リセの最終学年のクラス（哲学と初等数学）から選ばれた統制群は、パリと地方から選ばれたいくつかのクラスを含んでいる。パリでは、男子のクラスが一つと女子のクラスが三つ、パリ郊外では異なるリセから三つのクラスを、地方では共学クラスを一つ、全体で三〇六人の学生を選んでいる。

大学の学部レベルでの男女差に関する前回の所見は、リセでも同様に適用可能である。一八歳以下は、男子が二七・五％に対して女子は四一・五％であり、上級管理職の出身者は、男子四二％に対して、女子は五八％だった。

〈付録2〉質問紙

ヨーロッパ社会学センター（ムッシュー・ル・プランス通り一〇番地、パリ六区）

教育社会学

（1）国籍
（2）学部
（3）性別
（4）年齢
（5）取得免許
（6）大学在学年数（初年度含む）
（7）父の職業／父方の祖父の職業
（8）中等教育／公立のリセ　公立のコレージュ　私立校
（9）中等教育課程で、ラテン語、ギリシア語を履修しましたか

(10) 以下の試験でどんな成績を取りましたか。空欄に×をつけなさい

	可	良の下	良	優
バカロレア第一段階				
バカロレア第二段階				
初年度試験				

注意——該当する欄に×印を付けて下さい。

(11) 次のセクションの中のどれで、バカロレアの第二段階を受けましたか

哲学／初等数学／実験化学／技術

(12) 家にフランス語の辞書はありますか、何がありますか

はい　いいえ　辞書名

(13) どのくらい図書館で辞書をひきますか

全然ない　ごく希に　希に　時々　度々

(14) 一番よく使う辞書の名前は何ですか

(15) 読書の途中でよくわからない単語、あるいは知らない単語にであったとき、辞書で意味を確かめる習慣がありますか　はい　いいえ

(16) 講義の途中で、なじみのない、あるいはまったくしらない言葉を聞いたとき、ノートに書きとめておいて後で辞書を調べますか　はい　いいえ

(17) あなたの考えでは、良い文章を書くために必要不可欠な道具とはなんですか

テスト１〔マラプロピスム（学術語の文脈上の理解）〕

以下にいくつかの文章があります。不正確に使われていると思われる箇所に下線をひきなさい（詩的な破格や芸術的慣習などは除く）。

ある文章は間違った語を含んでいません、またある文章は複数の間違いを含んでいます。これらの文章の主張と議論してはいけません。誤って使われた、あるいは他の言葉と混同された言葉を探すだけです。

例を挙げます。「近代科学は現象が危険な hasardeux 決定論に従っていることを証明した」

このテストは、近代科学が何を証明したか、あるいはしなかったかを問題にしてはいません。「危険な」という言葉が場違いであるということだけを問題にしています。実際、この言葉は、「危険の存在」と「みずから招いた危険」という意味があります。しかし、hasardeux は、hasard（偶然）という言葉の科学的な意味とは結びつきません。ですから、いずれの場合も、「統計上の」あるいは「確率論的な」という意味ではつかえないのです。

（１）古代の立法によって規制された初期活字本の※ incunables 債務者に対する包括的なサンクションは、様々ではあるが、常に非常に厳しいものであった。

(2) 美を客観的に評価するのはむずかしい。しかし奇形学※teratologieが、絶えず芸術作品の価値評価をしている。その結果、多くの人々はこうした価値論的問題については無関心になっている。

(3) 平民の貴族化はイギリス王朝だけの事ではない。

(4) 語源学的に見れば、「疎外」概念は明瞭で神聖numineuxな意味をもっている。だが不幸なことに、今日における配慮を欠いたこの言葉の使い方が、その意味を非常に不明瞭にしている。

(5) 形式論理学は、諸命題間の両立可能性と両立不可能性のタイプ分けの目録を作る最初の体系的こころみを代表している。たとえばそれによれば、「全てのAはBである」と「いくつかのAはBでない」は同時には両立しないことを我々に教えている。なぜなら矛盾する二つの命題は同時に成立しないからである。

(6) 一方から他方へ演繹的に展開される公理の関連、数学的推論はアリストテレスの三段論法よりも論理必然性に乏しい。

(7) 超越的神の信じることはキリスト教のように救済論的宗教の中心である。

(8) エスペラント語がそうしたような現地語の創設は、時には良き国際理解の前触れ※prodromであると見なされている。

(9) 民法は所有権の守護神である。

(10) 悪の存在が弁神論によって正当化されないとき、全般的貧困の只中では特権階級の担保物件はみんなの目には潜在的なスキャンダルとして映る。

(11) 歴史における因果帰属は非常に不確かであり、疑わしい方法なのでそこに単なる状況を見て満足しなければばならない事が多い。

(12) アフリカの石炭の生産が年間三万トンにすぎないという事実をアフリカ社会の平等な成層によって説明するのは、あてになるものではない。だが気候・風土的説明はこれよりは正しいであろうか？

(13) フロイドは神経症の原因論を今日では議論の余地のある仮説の上に立てた。しかしいずれにせよ、神経症はこの仮説をその治療において、完全には無視できない。

注記 この問題の目的は、教育で実際使われている言葉の理解度をテストしようとするものである。この問題で使われた言葉は、多少難解で不適切であったかもしれないが、我々は当てずっぽうの回答が正解になってしまうような言葉は選ばなかった。しかし、文献に一度しか出てこないような言葉や誤答率が八〇％を越えるような言葉は除いた。この問題は、このテストの成績と試験の成績の相関を明らかにするために、哲学と人文学の卒業年次の学生（在学生）を対象に出題した。この問題をもう一度出す場合には、削除して良い言葉には米印（※）を付けておいた。

テスト2〔定義テスト、定義の体系的表現力〕

次の用語をできる限り厳密に定義しなさい。

二律背反／土地台帳／エピステモロジー／（概念の）延長／マニ教

テスト3〔多義語テスト〕

以下のそれぞれの語の可能な意味をすべて列挙しなさい。

例――charge （1）人がもってあるくもの （2）火器の火薬料 （3）電気の使用料 （4）突撃 （5）太鼓の打ち方 （6）負担金 （7）租税負担 （8）重圧 （9）戯画

〔問題――〕アトリビュ attribut／フォンクシオン fonction／イマージュ image／パルティシパシオン participation／レアリスム réalisme

テスト4〔特殊な固有名詞〕

言葉のリストを見て下さい。以下の言葉にそれぞれ六つの違う言葉が続いています。下の言葉と同じ意味（あるいはきわめて近い意味）をもつものを、六つの中から選び、傍線を引きなさい。注――一つのグループに同義語が一つとは限りませんが、必ず一つは入っています。

アコペール――止まる。キャッチする。証明しない。つまずく。説教する。連結する。
エートル――回廊。寺院。庭。周辺。間取り。肘がね。
カリエ――荷馬車引き。舗装工。歌手。職業における労働。石積み職人。水準測量士。
コンプレクシオン――専門用語。再生。グラフ。複雑さ。体質 tempérament。体質 organisme。
コンブ――小さな谷。岬。深淵。山頂。山。仮祭壇。
コンパルス――端役。予備役軍人。配達証明書。会計係。共犯。玄人。
エメティック――軟膏。吐剤。鎮痛剤。香水。乾燥剤。エナメル。
フュリジヌー――ぎざぎざのある。ずたずたの。矛盾する。一貫しない。煤《すす》を出す。脂肪分を含む。

フュナンビュル――うっかり者。軽業師。綱渡り芸人。原本。夢遊病者。悪ふざけの好きな人。
ジランドール――ファランドール〔プロバンス地方の民族舞踏〕。燭台。角笛。巨石。花綱飾り。
アンテルポレ――特定する。挿入する。逆転する。違反する。呼びかける。変える。
ロワシブル――希である。バカンス客。許容。忠告された。整頓された。無関心な。
マラスム――不況。困難。活発さ。悔恨の情。衰弱。退屈。
ミアスム――漿液。発散物。香り。ポリープ。毒気。浸潤。
ペール――青い影。甲高い。定義しようのない。やぶにらみの。青みがかった緑の。変化。
チュルモ――フルート。テント。切妻壁。石臼。小こて。二つの湾の間。

さて今度は、四つに定義された言葉がいくつかあります。四つの中で、一つだけが正しい定義です。
アレサージュ――穴や筒の中の直径を調整するような作業／金属版を純粋にするような作業／金属の表面を還元するような作業／金属片を磨きあげる作業
フレザージュ――二つの表面を交互に鉋掛けする作業／穴に螺旋状の溝を掘る作業／クリーニング店が襟の糊付けをする作業／金属や木材に穴を削る作業
ジャシェール――野菜の植えられた畑／同じ土地に植える植物を変える農業技術／定期的に休んでいる農地／村民全員に開放された放牧用の共有地
バルロープ――大型ディバイダー／精密金属用ヤスリ／柄付き大鉋／大型ネジ切り

テスト5〔人文語テスト〕

説明は前の問題と同じです。次のそれぞれの語について、正しい定義に傍線を引きなさい。

対位法――メロディーの連続性よりも、音の響きを優先させる作曲法／和音の調和をはかる音楽技法／複数の旋律を重ねる音楽技法／音が弱拍で連結される作曲技法

ソナタ――多様なテンポによって構成された器楽曲／小編成によって演奏される曲／鍵盤楽器によってのみ演奏される曲／声楽をともなう器楽曲

グラッシ――均質に塗られた画面／単一塗布の絵／乾いた絵具層に薄く塗る上塗り／色、線をぼかす絵画技術

サンギーヌ――赤や黄土色の紙に書かれた絵／赤クレヨン画／赤い色調の絵／裸体の素描

ヘレネ――アガメムノンの姪／クリュタイムネストラ〔アガメムノンの妻〕の姉／アガメムノンの娘／クレタ王の娘

緩叙法――言いたいことと反対のことをアイロニカルに述べるレトリック／簡潔で直接的表現／強調するために控えめに表現するレトリック／既存の定義につけ加えられた間違った推論

プロテウス――ヘラクレスが戦った半神／アキレスの父／捕獲不可能な空想上の動物／海神

スタジリット――哲学者のあだ名／苦行者のあだ名／ヘレニズム時代の将軍のあだ名／有名な詭弁の名称

盲従者――聖書に出てくる人物／ヴォルテールの悲劇に出てくるイスラム教徒／『千一夜物語』の英雄／ルイ・十四世の廷臣のあだ名

このテストはいかがでしたか――非常に優しい　優しい　ふつう　難しい　非常に難しい

〈付録3〉コース別、社会的出自別のテスト結果の分布

一　コース別の成績

全てのテストで、大学の予備課程*の学生は、カーニュの学生より悪い成績を取っている。誤答数によるテスト（マラプロピスムの問題、テクニカル・ターム、人文学用語）では、その分布状況は、つねにカーニュの学生が良い成績である。

〔正答数による〕定義テストでは、（全体として好成績の）カーニュの学生の結果の分布は、正規分布せず、悪い結果の方に明確にゆがんでいる。

〔正答数による〕多義語の定義問題では、成績の最頻値は明らかにカーニュの学生が優位を示している。

＊「大学の予備課程 propédeutique」は、文学部・理学部における一年間の教養課程である。一九四八年から一九六六年まであった制度。

コース別テスト結果の分布

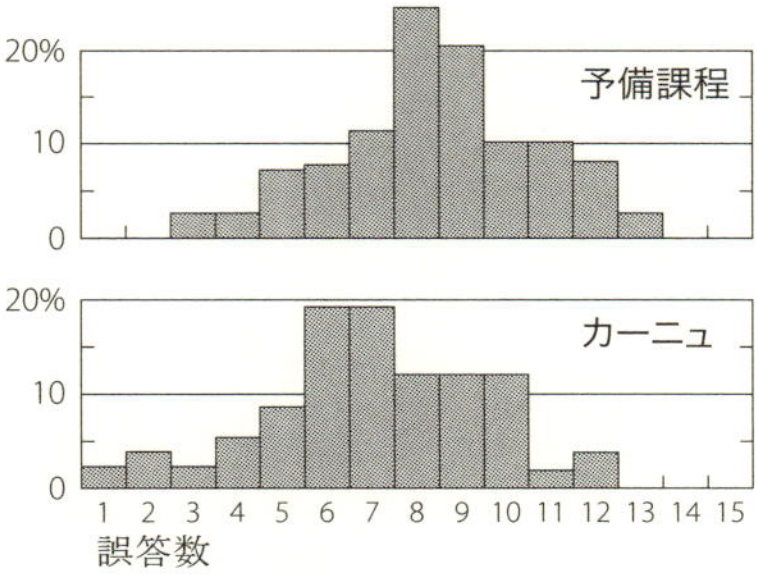

マラプロピスムのテスト

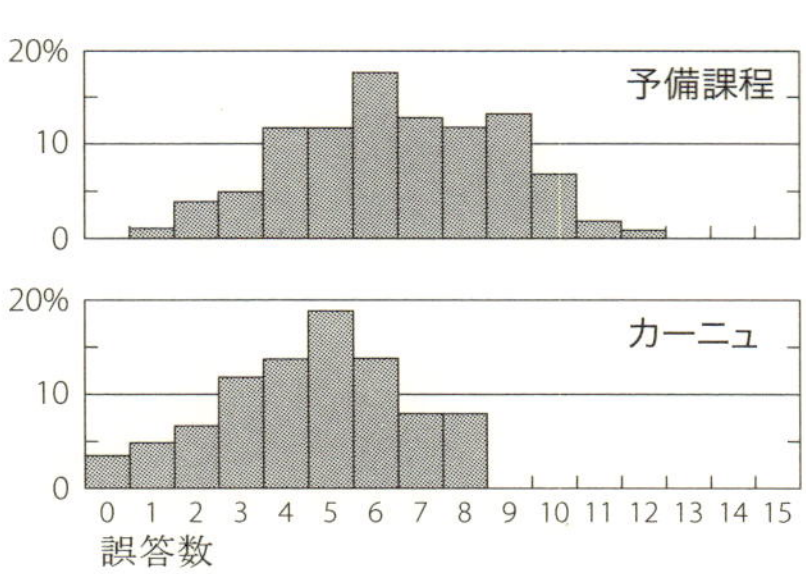

テクニカル・タームのテスト

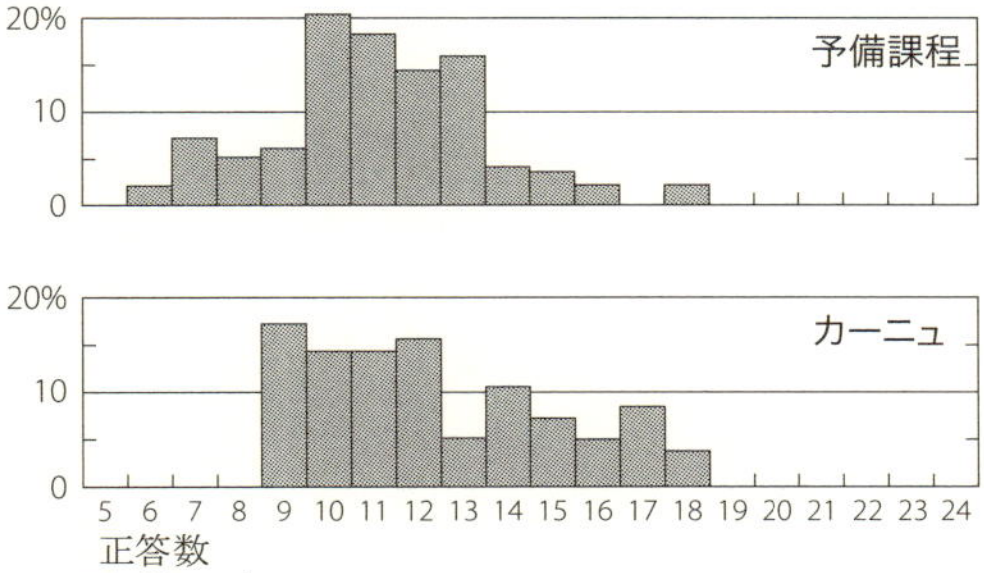

定義テスト

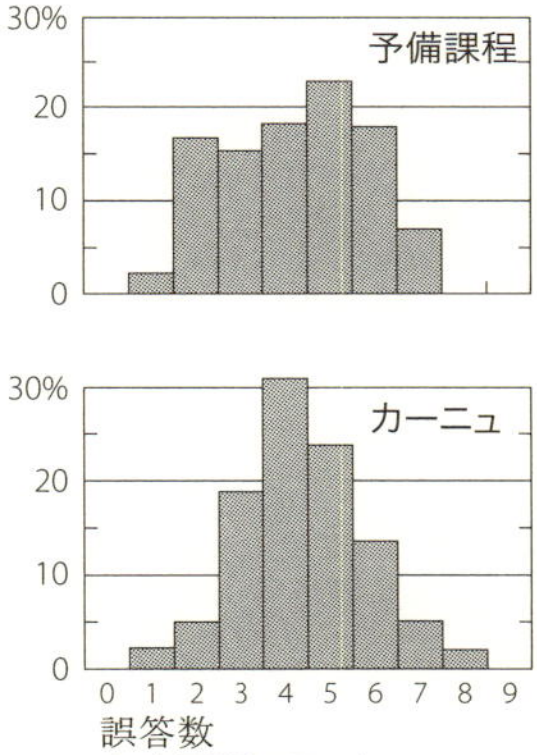

人文用語のテスト

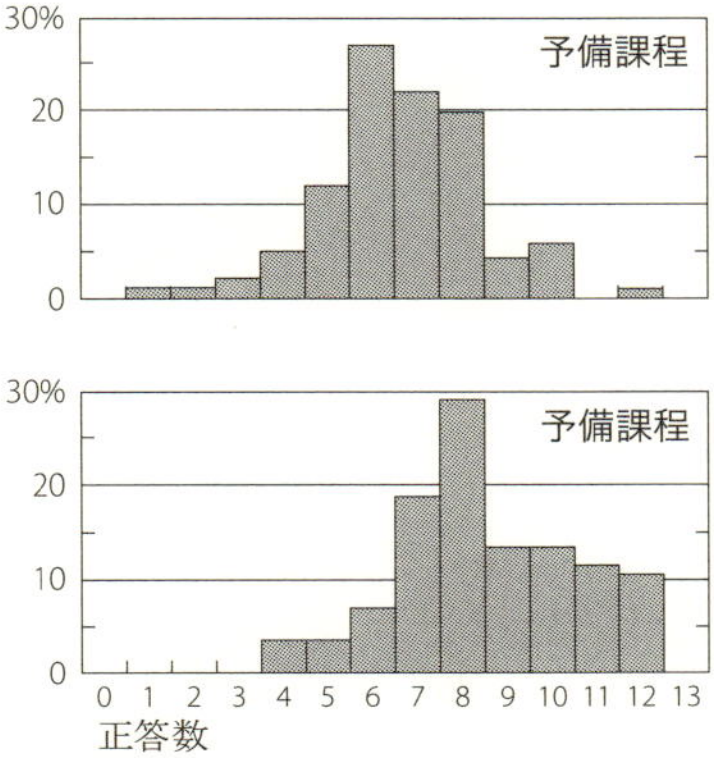

多義語テスト

二　社会的出自別の成績（卒業年次の学部生）

中央値の単純な解釈では（表1―1参照）、上級管理職の子弟が他の全てのグループに対して優位を（そして、中間階級の学生の不利を）明確に示しているとしても、その分布を吟味してみれば、中央値の傾向がグループ内部の差異を隠していることが明らかとなる。

それゆえ定義テストでは、上級管理職の学生の成績分布は、ここでもまた明らかな二重性をもっており、〔文化的〕遺産相続には二つの活用の仕方があることを示している。

誤答数による採点をしている人文学用語テストの棒グラフは、最高の結果（グラフの左側）のゾーンにいる学生の数が、社会的ヒエラルキーが上がるにつれて増えることを示している。庶民階級の学生の三二・八％、中間階級学生の三五・四％、上流階級学生の四六・三％が、五個未満の間違いであった。しかし三つの分布とも正規分布を示している。

社会的出自別のテスト結果の分布（学部卒業年次）

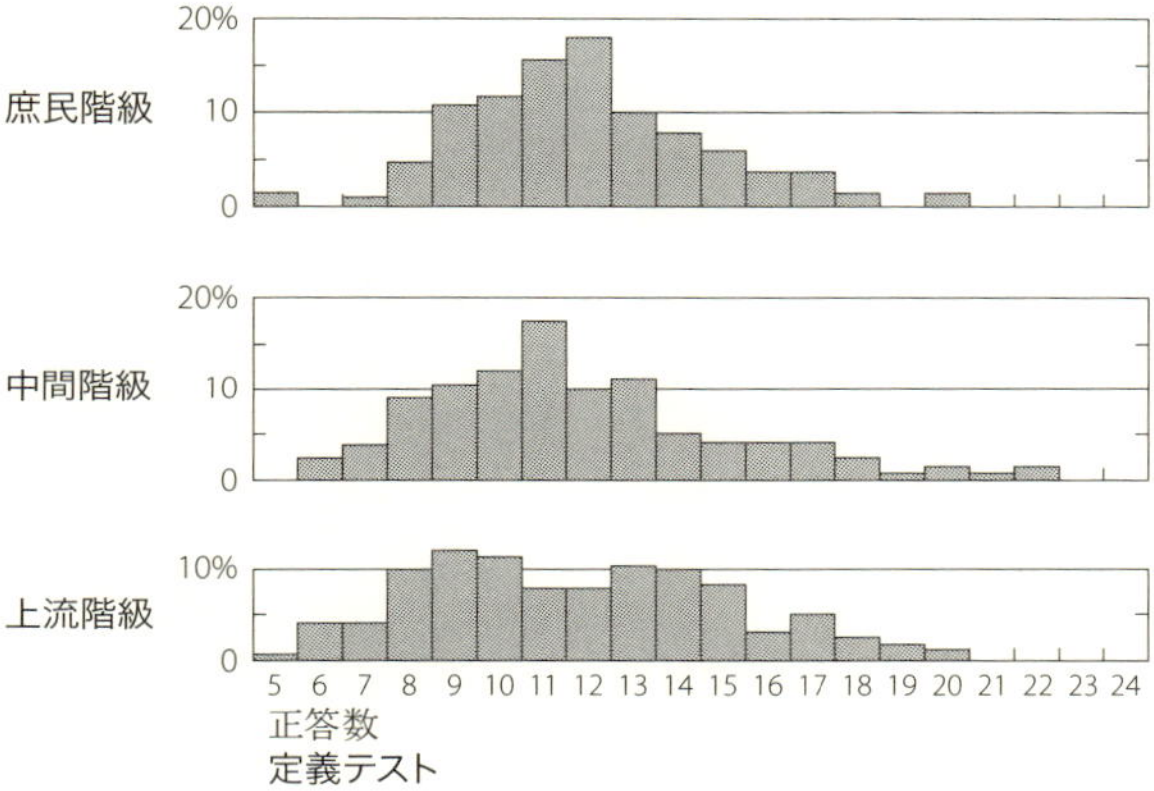

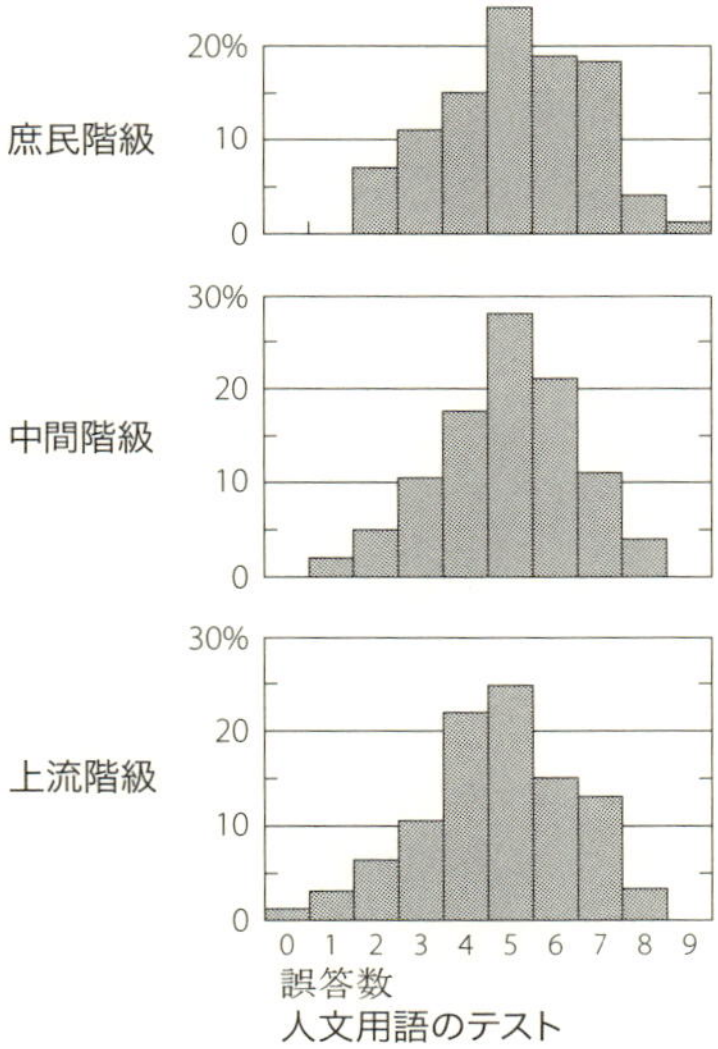

〈付録4〉講義の語彙論的分析

この調査は、教師の使用する言語を学生が実際どの程度理解しているかを測定しようとするものである。そしてこの調査は、教育言語に特有な、さらにはこうした言語は理解されていると決めてかかっている教育についての幻想に特有な言語にかんする学生の理解をテストできるように設計されている。従って、テストに含まれる語の選択は、もっぱら講義で使われる頻度に従って機械的に選んだものではない。必然的結果として、講義における使用頻度の高い語彙や慣用的用法を取り出すことはしていない。講義における使用頻度が相対的に低いある種の用語でも、それが定義も説明もなく使用されるなら、高等教育特有の言語的要求のタイプをはっきりと例証しているのだ。それゆえ、頻度に違いこそあれ、リールとパリで分析された哲学と社会学の六つの講義に使われていた単語が、定義テストでは使われている。

使用頻度の高い語、すなわち一時間の講義に五回から二〇回あらわれるような語のなかでは、その意味の多様性や不正確さゆえ、我々の計画した言語テストには適さないので、「社会」「社会学」「文化」「哲学」「歴史」「法則」あるいは「構造」といった語は除外した。逆に、社会学の講義から「機能」「階層」「状況」といった語、哲学の講義からは「アンチノミー」「エピステモロジー」といった語、そして両者に共通する語としては、「バーチャル」「類的《ジェネリック》」「融即」「イメージ」「リアリズム」などを取り上げている。

頻度が低く、我々の分析したたった一つの講義でしか使われていない言葉も、それが一切説明されないという理由から、「マニ教」、「拡張」「属性」「論理必然的」「超越論的」「価値増殖」「受容」「公理」「疑わしい」「生産性」「無関心」などを取り上げた。

一回か二回だけ現れる難しい言葉の中では、「土地台帳」「神聖な」「神経病質の」「風土的」「初期活字本」「現地語」「奇形学」「貴族化」「担保」「救済論」など、その特殊性にもかかわらず、なんの定義もなく使われる語は取り上げた。

こうした〔用語の選択〕方法は、いわゆる教育言語の理解度を測定することを目的とした最初の三つのテストにだけかかわっている。具体的言語の理解の測定を目的としたテストでは、Pichois のテストを改良して使っている。明らかにほかのテストとは対照的に、農工技術からの言葉をつけ加えている。最後のテストでは、中等教育のために編纂された教科書や抜粋から芸術の専門用語や古典作品の固有名詞を選んでいる。

第2章

試験における学生のレトリック

クリスチャン・ボードゥロ

この研究は、一九六二年の一〇月から一九六三年の六月までの学期に、パリにおいて出題、採点された道徳学、社会学、一般社会学の一六〇枚の答案に基づいている。この調査の結果は、慎重に解釈される必要がある。解答者は限定されており、職業分類によって無作為抽出されてはいないので、一般化できる結論を許すような多変量解析はできない。むしろこの調査は、試験の答案に見られる言語的理解不全のいくつかを浮き彫りにし、また学生のレトリックの全般的特徴に目を向けている。この学生のレトリックは、気づかれにくいことなのだが、採点上重要な役割を果たしている。またそれによっていずれ、練り上げられ、確証され、あるいは反証されるいくつかの体系的な仮説を立てることを目的としている。(1)

(1) この調査は、答案や記述、口述試験の成績や試験官に対する受験者の態度と、受験者の社会的、学校的属性(社会的出自から一年間の出席率に至る)との関係を明らかにしようとするものである。従来の小論文ではなく、一連の簡単な質問による試験によって能力を測ることにした。本研究は様々な試験によって、どんな条件をもった学生が有利であるかを明らかにしようとするものである。

＊

小論文《ディセルタシオン》は、学生が教師の講義に答えるために正式に認められた唯一の表現手段である。またそれは、学生を評価するために教師が用いる事の出来る唯一の作品でもある。応答であり、哀願であり、自信作でもあるような企ての真剣さは、どんな主人公も例外としない。しかし、学生も教師も共にこれらの多様な要求を満足する唯一の技術的手段、つまり試験答案のレトリックを真に受けないことでは一致している。小論文のレトリックがもつ不必要までの形式主義は、教師と学生が作り出す威信のイメージに反するように見える。彼らは、小論文をそれ自体として（つまりレトリックについて課されたテストとして）扱うのを拒絶するふりをして、そうではないもの、つまり自由な個人的創造として扱うのである。学生だけでなく、教師も自分たちに責任があるとは思えない運命として、この小論文は受け入れられる。それだけに、小論文の課題は、決して押しつけられているのではなく、「書くように促されている」受験者に「注意を」「提起《プロポゼ》された」ものとされているのは注目に値しよう。論理やレトリックの基本原則に任せようとはせずに、かの有名な小論文の秘訣なるものは、決まって、この「文学というジャンル」は何よりもまずセンスの問題であり、どうすればいいかは後天的な努力では分からない、天賦の才の所有を小論文の作成者に要求するものだということを、学生たちに信じ込ませようとする。

「あらゆる文学のジャンルと同じく、小論文には文の調子《トーン》というものが見られるはずです。本当の芸術的な不調和を犯さないこと」……「この文章のトーンというものは、理論ではなく、何よりも文化的で個人的な才能の問題なのです。それは下品でも馴れ馴れしくもありません」……「でも、論文の構想を練るテクニックのために一般的助言をするなんて、とても無理なことです！　実際、それは考える技術を教えるくらい難しいことなのです！　私たちは、たくさんの本、多くの時間、多くの『エスプリ』をつかって、（小論文の書き方を）一人で学ぶことしかできません。一九世紀が私たちに教えるように」[1]

（1）シャサン、セニンゲル「教養部文系の小論文」（『教養審議会』第一章、パリ）。

『書く技術の一般的アドバイス』は、儀礼的にパスカル、ボワロー、ヴォルテールの庇護の下に置かれ、結局口に出すのは単なる格言と黄金律なのであ。読者がそこに到達できるような技術的手段は、けっして明らかにされることはない。

「美学の小論文においては、よい文体が創作と完全に合致させられなくてはならない。その分析にぐいぐいと力強い印象をあたえ、文の勢いを強めるのは、この要素なのである。文の組立の黄金律は、単なる節への分割ではいけない、心《エスプリ》の深い動きの表現……、つまり、精神《エスプリ》の表出であるべきだ……。少し肉付けされた結論はすばらしい。それは導入とともに際だった一節である……。学生はまず（十分に）正確で明晰でなければならず、ついで（ある者は）力強く、個性的でなければならない(1)」

（1）シャサン、セニンゲル、前掲書。

教師は小論文のテーマに狭い、そして非常に一般的な問題を選ぶとき、慣習やルーティンに甘んじて従っている。また彼らはこうした問題のジャンルが、自分にとって言い訳に過ぎないことを確認する。こうすることで彼らは、論文のテーマの「美点」をその一般性で評価するような学生の、創造的自由に間接的に敬意を払うことになる。

「それが開く展望の豊かさゆえに、このテーマは、受験者の個人的思考能力だけでなく、その教養と知識の程度をも明らかにするものの一つである」（『哲学のアグレガシオンの試験官の報告書』パリ、一九六三年）

パリの文学部における一般社会学の試験（一九四五年六月―一九六一年一〇月）で、出題された三〇のテーマのうちの二五までが、「社会学」「社会的な」「社会」という語を含んでいた。この事実は小論文のテーマの一般性のレベルを十分に説明している。三〇のうち一六は、学問の対象と限定に関するもの(社会学と心理学、社会学と歴史(三回)、社会学と民俗学、社会学と地理学、社会学と経済学)、あるいは社会的形態論か方法論(社会学的法則(三回)、全体社会の類型論、構造概念、正常と異常の区別(二回))であった。残りの一四のテーマは、社会的事実に関する考察を求めていた(社会的分業(三回)、社会の構成要素、技術、文明と文化の成果、限定的あるいは特殊な集団)。あるサイクルで再現されるこの三〇のテーマのリストは、公的な教育課程の正確な反映であり。このような試験のエスプリに対する忠実さは、一般的でないあらゆるテーマを組織的に排除することになる。退屈なまでの単調さと教育課程にたいする忠実さは、倫理学と社会学の修了免状のための社会学の試験でとりわけ大きい。二一の問題のうち一三が、倫理学と社会学、道徳と社会、社会と個人との関係を扱っていた。

試験問題における問題の出し方は、三つの伝統的なタイプに行き着く。一一の問題のうち四五は、考察のための一般的テーマとして出題されていた。たとえば、権威の概念の検討、社会学的観点からの法の考察、自由な行為とは何か、などである。二つの概念を関係付け対比させることは、三八の問題で用いられたアプローチであった。たとえば、社会学と心理学的分析、因果関係と目的論、など。いっぽう、二五の問題は、受験者にある著者の意見を「論評し論議せよ」というものであった。この三つのタイプに従っていないのは、一般哲学の三つのテーマだけであった。

「あなたの考えでは、哲学は媒介の企てですかそれとも直接所与を理解する企てですか。あるいはほかに可能な哲学のコンセプトはありますか?」(パリ、一九五五年六月)

「学者はしばしば外的世界の実在性についての問を提出してきました。あなたはこの問題をどのように定式化しますか。どんな解答を出しますか」(パリ、一九五八年一〇月)

「外的世界の実在性には問題がありますか？　この問題は解決されたと思いますか？　もし解決されていないなら、あなたはどんな解決をこころみますか」(パリ、一九五八年六月)

未解決問題の最終的解について、〔教授などに〕個人的に相談でもしない限り、学生に正確な問題提起をすることを拒否すること、展望の問題にすることによって〔問題を〕扱うこと、受験者にレトリックにかまけないよう促すこと、知的創造という語彙の命名の下にあらゆる問題を美化すること。かくして小論文のテーマ設定は、現実性の完全な欠如によって小論文の非現実的な性格を忘れさせ、学校的でレトリック的な問題を一つの創造の試みに変える。否定し、拒否し、軽蔑し、無視しても、修辞的な美徳は、依然として学校的評価の基本的な評価基準の一つなのである。

教師は教えもしないし、ハッキリとは求めてもいないのだが、〔学生の小論文＝答案に〕ずっと探してきたが見つからなかったもの、それは、

「議論や作文と同じようにその表現にも現れる、ある種の素質《カリテ》と言えるノーハウ savoir-faire なのである。小論文は、満足な考察や知識にも欠けているが、それでもなんらかの技術的な習熟は発揮するので、にたりよったりになる。だが今や、ほとんどの受験者に欠けているのが、この技術的な習熟なのである……。良い答案は、文体の善し悪しで決まる。この良くできた答案のキッパリとした明白な表現が、判断力を欠き、単

純なネタを詰め込んだ、ダラダラしていて、曖昧な、そして説明を欠いた文体と対比される。表現のぎこちなさが常であり、ほとんどの小論文が気品に欠けている。パンチの効いたうまい言い回しには、めったにお目にかかれない」(『哲学のアグレガシオンの試験官の報告書』から抜粋、パリ、一九六三年)

答案の最上部に書き込まれる寸評が、試験官の形式的な素質によせる大きな関心を証明している。すなわち、作文術(「よく構成されている」「構成が悪い」「結論に無理がない」「首尾一貫した答案」「よく整理された議論」「章立てが悪い」「構成されていない」「支離滅裂」)と文体(「表現力に乏しい」「書き方が曖昧」「文体の欠如」「ごてごてしている」「曲解している」「曖昧な」「よい表現」「しっかりした表現」「ニュアンスに富む表現」「正確な」「気品のある文体」「巧みな表現」「うまい言い回し」)である。余白はしばしば断定的な「悪口」で満たされている。こうした評価は、議論の内容には何も触れていないし、その断固とした判決のような態度は、小論文を創造者と目利きの間の交流の場とする理解が、偽りであることを示している。答案を良い、悪いの二つのグループに分ける前に、試験官は、点数の言葉による表現でしかないような、大ざっぱな判決を申し渡す(「よい」「大変よい」「よい答案」「まじめな答案」「悪い」「非常にむらがある」「ピンぼけ」「不十分」「馬鹿げている」「説得力に欠ける」「優秀である」「非常に優れている」「ダメ」)。教師の判決が、評価基準の名において下される。この評価基準は、けっして明示されたことがなく、受験者に的確な能力の発揮よりも知的な役割への服従を課している。

「哲学史の試験における最良の答案は、その作者が一貫して哲学者であり続けるがゆえに高い評価を受けた。その成功は何よりも、正確な知識にもとづいた科学的精神《エスプリ》の哲学的な豊かさと素質をもっていたがゆえ

に評価されたのである」(『哲学のアグレガシオンの試験官の報告書』から抜粋、パリ、一九六三年)

要するに、教師の判定は、答案の作者をその本質において判断するために、表向きテクストを口実に使っているのだとも言える(「思考の素質」「エスプリ」「そつのなさの素質」「独創的な精神《エスプリ》」「あなたの考えには一貫性がありません」「あなたは哲学的な頭をもっている」)。ある視学総監の言を引用してみよう。「よく教育され訓練された精神だけが自分のものになった知識を文化に変えることのできる者だけが、成果を生む事ができる。それ故、小論文は、いとも簡単に、貧弱なもの、無力なもの、不器用なもの、ひ弱なものを暴露する……。小論文は、精神の様々な欠点を白日の下にさらすのだ。小論文がどれほど本質を暴露することに秀でていることか。なぜ、教師が小論文に愛着を持ち、学生が小論文を恐れるかがよく分かるであろう」(1)

(1) R・ポンス「シャサン、セニンゲル『教養部文系の小論文』への序文」(『教養審議会』パリ)。

学校は、観念語の操作能力を人間の個人的な資質の疑いようのない徴《しるし》とすることができる。また小論文は、将来を言葉に賭ける悲劇的な企てにもなりうる。つまり、教師も学生も小論文のレトリックへの軽蔑を決してやめない。こうした軽蔑は、軽蔑されないための理由に過ぎないのだろうか。真の評価基準と評価の対象となる資質を隠しておくことで、彼らは「気品」「ゆとり」「豊饒」といった哲学的概念が、実はある階級のエートスに負っていることを忘却するのであろうか。

*

何が一番試験の成績に影響を与えている要因なのかを調べてみると、よい答案と悪い答案をハッキリ分けるのは、言語的なパフォーマンスの不平等にあることが分かる。B・バーンスティンによれば[1]、庶民階級を上流階級の話し方から区別する特徴が多くなればなるほど、点数が下がる傾向があるということだが、これは重要である。また一方、こうした特徴が減少し、教養ある階級に特有の、複雑で差異化された言語の質に変わるに従って、点数は上がって行く[2]。次に我々が扱うのはこうした特性である。

(1) バジル・バーンスティン「社会的階級と言語発達。社会的学習の理論」(ハルゼイ、フルッド、アンダーソン『教育、経済、社会』グレンコ・フリー・プレス、一九六一年、三〇〇―三二〇頁)。経験的データに基づいて、バーンスティンの研究は社会階級によって言語形成が、異なった発展をすることを明らかにしている。彼は、ブルジョア階級の非常にニュアンスに富んだ「正式言語」と労働者階級の「大衆言語」を対置させている。「正式言語」は、構文理論的な話し方を形成し、普遍的な話し方や微妙なニュアンスを作り出す。これに対して、「大衆言語」は、構文的厳密さを欠いており、言葉の使い方を主観的意図を伝えることに限定しており、分析的というよりも叙述的性格をもっている。

(2) 理論的には、点数は〇―二〇を取りうるのであるが、実際に検討した小論文の点数は、六―一四点であった。八点以下の点数は、少なかった(一八%)。更に、一二点以上は少なかった(一〇%)。答案の三分の二(六七%)は、八点―一二点の五点以内におさまった。

1　構文論的な複雑さの度合い

低い評価を受ける小論文の大部分は、短いセンテンスで書かれている。そうした文章は、文法的に単純で、構文論的にも貧弱であり、一つか二つの従属節ないし関係節をもった独立節ないし主節で構成されている。一方、最良の答案に見られる文章のタイプは、形容詞や同格、限定的で正確な表現を含み、あらゆる種類の複雑さに満ちている。

「実を言えば、超経験的な弁証法が自らに要求するように（そして我々はこの要求に従うあらゆる理由をもっており、この要求は暫定的にまた方法論的な観点から正当化される）、この試練は全体社会の無限の可能性とかつて存在した、あるいは今なお存在している他の深層に拡張されるなら、存在しうるであろう。しかしそれは、ここでこころみられることは全く不可能であろう」　（二〇点満点で一三点）

あるいはまた、

「この問題を通して、それ自体目的とみなされる利益の非合理な追及のためだけの方法を作るため、しだいに失われてゆくこの宗教色を通して、快楽主義あるいは幸福主義的志向と関連して現れることすらなしに、資本主義は純粋に目的論的で功利主義的倫理の表現形態になることができた。換言すればそれは、不道徳なプラグマティズムである」　（二〇点満点中一二・五点）

譲歩の接続詞（しかしながら、ではあるものの）は、一二点以上の答案だけで頻繁に使われている。〇点から一二点未満をとった答案の大部分はまったく使われていない、しかし、一二点を越えた答案では全て少なくとも二回は使われており、いくつかは四回も使われていた。同様に、比較構文の頻度も点数に比例して増える。良い答案では度々現れるが、悪い答案ではめったに現れない。

2　接続詞と等位接続詞の使用

平均的ないしそれ以下の答案は同時に、限られた数の接続詞や等位接続詞をしかも、しばしば誤まって使用しているが、この点で良い答案とは違っている。「それ故」「それで」「また」「結局」「しかし」「実際」「のために」「むしろ」「いっそう」「その上」「そこで」、などが点数の高い答案ではよく使われている。テーマの一般的で的外れな展開のあとに、受験者は結論に取りかかる。

「かくして、今や我々は、それゆえ、社会的義務の明白で正確な定義を前述したように与えることができる。それは社会に対する道徳的義務である。あれはそれを社会的なものにするものである」

結合の実際の性質とは一致していないのに、「かくして」や「それゆえ」のような不変化詞が結論を導くために使われている。同様に、（提起された定義内容の）事実上のトートロジーと「明白で正確な定義」の宣言とのあいだに破綻が見られる。この破綻が示していることは、学生は教師の言葉から首尾一貫性の外面的な特徴だけを記憶しているにすぎないことであり、また学生の模倣的な態度である。

これに対して、評定は不変化詞と接続詞の数が増すにつれて高くなる。「それにもかかわらず」「それでも」「にもかかわらず」「しかしながら」「おそらく」「確かに」「確実に」「そこから」「相関的に」など。貧弱な答案のグループと比較した場合、これらの接続詞の多くはより複雑な構文構造を意味しており、より直接的にそれらが導く文の意味に影響する（ほとんどの場合これらの意味は限定されているが、後に見るように、それは偶然によるものではない)。

3　形容詞と副詞の使用

低い点数の答案においては、限られた数の形容詞と副詞が、一定の間隔で繰り返され、それが関係する名詞や動詞の意味を修飾するというよりむしろ、特定の意見を強調する。すなわち「基本的に」「本質的に」「確かに」「絶対に」「まさに」「もっぱら」「ただ」「基本的な」「必要不可欠な」「絶対的な」「正確な」などである。たとえば、「道徳的潔白さの観念は、人が自らを絶えず変化させる歴史的世界においてのみまさに意味をもつことができるだろう」といった文章がそうである。

4　語彙の豊かさ

比喩と専門用語は、成績のあるレベルを越えたものにだけ見られる。一二点以下の答案には以下の単語は一つも現れない。「物象化」(一二点以上の答案で五回)「適合」(六回)「挿入」(五回)「コインの裏表」(九回)「特殊性」(四回)「漸近的な」(二回)「共線の」(二回)「快楽主義」「幸福主義」(一回)「溶解」(四回)「投資する」「負の投資」「再投資する」(三回)。

5　慣用表現からの選択

平均的ないしそれ以下の答案では、あたかも構文論的な「くせ」のように、全くの慣用的《イディオム》な表現が頻繁に使用される。これは、「民衆言語」と共有する特徴の一つである。教師の言語は、統一を保ちながら複雑さをあたえるようなトロープ、*「もし……が真実なら、……はまさしくそれは本当だろう」、あるいは、明らかに対立するものを共存させるようなトロープ、「……一方で……がしかし……」を好んで用いる。また、対比によって違いを強調するために使われるものがある（「……は……としては十分ではない」「我々は……ではないということはできるが、……であるといわないことはできない」「……ではなく……である」「……からは程遠くそれどころか……」「それは……の問題というより……だ」）。さらには、一般にもたれている先入観を破壊することを目的とするものがある。「我々がしばしば考えるのとは逆に」「一般にいだかれている観念とはちがって」「今日ではもはや……かどうかを問う必要はない」。教師の言語から借用されたこれらのトロープは、低い評価の答案では機械的に使われている。そこでは、これらの言い回しは微妙なニュアンスの領域からおおざっぱな断言の領域に移し変えられている。

＊　trope　転義。比喩。言葉の本来的な意味を転じて、微妙なニュアンスを表現するレトリック。

「トラシュマックが正しいならば、ルソーは間違っていない……」「それ故、こうした神秘化を受容せざるを得ないが、しかしそれを批判しないではいられない……」「無垢なるものは、客観的現実よりも、幻想的ではない……」「道徳的生活は社会的生活と表裏をなすということはできても、道徳的生活が社会的生活と結びついていないとは言えない」。「もし人間が自由に存在するなら、また同時に人間は、精神と肉体に弁証法的に対立する自然の標的にされている」。「もし現実が我々に、第二のことが第一のことの原因ではないと断言することを禁ずるならば、二つのシステムがスムーズに共存することができるとき、社会は健全だろうと認めなければならない」。「一般にいだかれている観念とはちがって、倫理は単に個人だけにかかわるものではない」

答案の点数が上がるにつれて、ますます脱文脈化が減ってゆく。これらのトロープは、成績のあらゆるレベルに現れるものの、結局はよい答案に繊細な気品を与えることになる。

「エロスが最良の例であると言えよう。美しい神の、純粋無碍な、アガトンのそれではなく、貧相な身なりをした、汚れた手の、ディオティマのエロスである」（二〇点満点で一四点）

高等教育への進学の現状に関しては、我々の調査データは限界があるので、庶民階級の家庭の発話構造と学生の言説の貧弱さには関連があることや、これらの貧弱な答案を書いた者が庶民階級の家庭出身であると即断してはならない。がしかしこのアプローチは、複雑で差異化された言語に優位を与え、表現の画一性を軽蔑する学校的評価が、エリートの価値を継承していることを知る点ではメリットがある。同時にこの学校的言語は、形式的な評価基準のヒエラルキーを通して、ブルジョア階級出身の学生には、自分たちにとっては自然な言語的環境と学校的言語の再会を許し、庶民階級出身の学生の前途にはいっそうの障害を与えることになる。

*

小論文のレトリックは、最も低いレベルの学生にとっては間違いを悪魔払いする呪術の如きものとなる。そこから引き出せるはずのレトリックの力ほどにはその意味を理解していない言葉という道具を振り回して、学生はやみくもに教師の話から借用した言葉や表現を取り込もうとするのだ。あたかも、ただそうしたものに哀願することだけが、そこに含まれるマナの力を解き放ち、それらを有効にするかのように。「構造」「構造的な」「弁証法」「存在論的な」「要素」「決定論」「オルタナティブ」「合理的」「合理性」「システム」「システマティック」「機能」といった言葉は、その厳密な意味のためにというよりも、その哲学的な響きのゆえに使われている。おなじ響きをもつ言葉のくどくどしい言い回し（「無限に多義的な多義性がある」「一義語の意味は両義的である」「心の純潔における最小の不純は、そこではやはり不純である。反対に、心の不純における純潔は、不純ではあっても、純潔を意味しない……」）はまた、錬金術のレベルにまで達している呪術的なこころみに手を貸す。「純潔とは、弁証法的に良心から外へ飛び出すための、全的不在の全的存在の抽象的存在のような純潔の観念が引き起こす、間接的で斜に構えた眼差しである」。また、こうしたこころみは〔悪魔払いの〕重要な儀礼的瞬間には、次の結論のように、万能の決まり文句を使うことができる。「この二者択一の弁証法的超越はおそらく可能であろう。しかし、こうした道を選択することは、情動的で理性的であると同時に基本的でもある問題を解決するかわりに、それに取り組む個人を安心させる危険がある」

このような悪魔払いの儀式が言葉の権力 pouvoir を過大評価する一方で、もっと巧みな自己防衛のテクニックが、さらに用心深いそぶりをすることで悪魔払いをする。学生の言語操作のレベルもそれほど盲目的ではないレベルに達すると、こうした学生は抜け目なく、その言葉のあやの中に本当の間違いを発見するあらゆる機会を試験官から奪うことで、試験官を面食らわせる。学生は、試験官に「それは絶対に違うな」と言われない〔尻尾を掴ませない〕ように準備し、議論が具体的な事例に及ばないようにする。学生がどんな命題であれその必然性を証明するのが難しいとすれば、試験官がどこが間違っているかを示すことは不可能である。これらのテクニックには以下のものが含まれる。

（a）あいまいな表現の使用——「〜と言われる」「〜と考えられている」、「一つの……」、「ある……」、「いくつかの……」（「社会のあるタイプは、ある種の社会現象の間の一つの均衡によって定義される」）、「何らかの」（「何らかの観念を考えることは、すでに、それの実現の何らかの可能性を意味している」）

（b）希薄化、逆の命題も不可能ではないことをほのめかし、試験官に学生は断言してるわけではないと思わせ、間違いではない許容範囲であると判断させるテクニック。——「十分に」「一般に」「しばしば」「ときどき」「いわば」「ある点では」「ある意味では」。文例——「ほとんどすべての哲学者が……について考えてきた」「倫理は、ある意味で、いうところの不純が、ほとんど全ての人間にとって不可欠であることを一時的に癒すために、倫理として構築されるにすぎない」

（c）臆病な憶測——「おそらく」「ある種の緊張」「一種の矛盾」

（d）見せかけの詳述（特殊化）——「ある特殊な社会」「ある特殊な道徳的態度」「ある所与の状況」「あれこれの」

（e）見せかけの例証――「プロメテウス的な社会の例を取り上げてみよう。それぞれの社会の世界認識が異なるのだから、所与の状況に対する道徳的反応は、社会のタイプによって異なるだろう」。「それゆえ、たとえば、個人の道徳的生活の様々な形態もまた、社会的要因に依拠しているということは……」あるいは、まだましなものとしては「それゆえ、それが工業化されていても古代的なものでも、社会のタイプに応じて、そして工業化社会それ自身のなかで、それぞれの社会的、文化的態度の差異によって、また、道徳的な行動によっても、それぞれの社会に特有の道徳的態度が存在する。社会とその文化的作品に応じて、ある特定の道徳的態度がある」

（f）事例の欠如。

（g）月並みな表現の真理――「様々な種類の社会がある」

（h）空虚な抽象化――「いついかなる時にも、常に存在するが決して定義されない倫理的要求の本質に敵対しないような道徳の概念はほとんどない」。これは当たらずとも遠からずの格好の例である。この文章には抽象的普遍性の四つの事例（「道徳」「本質」「概念」「倫理的要求」）、「ほとんど……ない」で補強される希薄化（否定的な構築）、「いついかなる時にも」のような曖昧さなどが含まれている。こうしたものを含む文章は、受験者に、定義されていないものを定義せずにすまさせることで、「当たらずとも遠からず」を正当化するメリットをもっている。

（i）断固たる口調――全くの疑念のない権威的なあるいは年代順の見解の羅列。「コント曰く……、後期マルクス曰く……、モースは……、ウェーバーは……」

（j）予防的相対主義、（答案の三分の二に潜在する教条主義の基盤）――「人間のリアリティに関する静態的な定義はない。従ってある一つの定式が、完全に正しいとか完全に間違っているとかいうことはない。しかしながら、その定式が驚くべきものである限り、それは我々を考えさせる」

こうした曖昧でどっちつかずの表現は、どんな犠牲を払ってでも間違いとされるのだけは避けようという強迫観念から生じたものである。しかしこうした知的な臆病さとは違って、同様に真理からもリアティからも程遠いにもかかわらず、その申し分のない個人的な教養のひけらかしによって、その答案が間違いだと言われるのを巧みに逃れている、修辞的技巧に優れた答案もある。一二点以下の答案ではわずか六％だけが引用をしているのに対して、一二点以上の答案すべてはプラトン、セネカ、ウェーバーを原典から引用しているのは注目に値する。同様に、八点から一二点までの答案の三分の二が五人以上の権威者の名前や作品を援用している（ある者は一〇人〜一二人も引用している）のに対して、一二点以上の答案の七〇％はよく引用される二、三人の権威者しか引用していないが、正しい文脈でその見解を非常に幅広く分析している。何人かの受験者は、単に自分の博覧強記を誇示するために、こうした気配りをしているにすぎない。

「ヘーゲルの場合は特殊である。彼の若いころの著作を検討してみると、彼が聖書についてのカントの倫理学を研究し（一七九四年に書かれた『キリストの生涯』）、そして信仰の悲劇的性格の批判的考察へ（『キリスト教の神髄』一九七六年、『キリスト教の精神とその運命』一七九七年）、また一七九八年から一八〇〇年までの間ジェームズ・スチュワートを読み、（一八〇一年から一八〇七年の間イエナで実存哲学のタイトルのもとに、ホフメイスターが招聘した講義をしながら）さらにアダム・スミスの『諸国民の富』の考察を通して、最近の研究がしめすように、意識の教育であると共に社会教育でもあり、また後期の著作には痕跡を止めている『精神現象学』(一八〇七年)へと、どのように自分の思想を発展させていったかがわかる」

(二〇点満点で一三点)

あるいは、

「(『弁証法的理性批判』一巻二〇一―三頁の注を参照)倫理の起源を他者との関係の実践として説明できると同様に、物質的条件(サルトルは当初、根源的な悪を生み出す物質的条件を描いている。前掲書、二〇八頁)と同じやり方で後の急転回(前掲書一八九頁。それは暴力の問題への転換が描写されている論理展開の中で要約されている)に光を当てて……、」

また別の学生は、引用はしないでほのめかしに止めている。プラトンを引用したり『饗宴』に触れたりせずに、(前掲の)答案の学生は書いている。

「エロスが最良の例であると言えよう。美しい神の、純粋無碍な、アガトンのそれではなく、貧相な身なりをした、汚れた手の、ディオティマのエロスである。それは媒介物というよりも調停者であるような『悪魔』だ」

(二〇点満点で一四点)

あるいはまた、

「英雄たちは、この観念に到達することができなかった。アルセストの夢は、ちょうどモニムの夢のように、人間関係のこのような純粋性を作り出しはしなかったではないか？　しかしモニムは死に、アルセストはこの世で死ななければならないのだ」

（二〇点満点で一三・五点）

＊

学校的ゲーム*が要求する非現実性と学生がとり結ぶ関係は、成績の善し悪しに関係がないというわけではない。この非現実性を現実の経験であるかのように感じ、レトリックの世界の非現実性を忘れるために修辞的技巧を駆使する学生を贔屓にすることで、教師は課すべきだと思っている問題の現実性から目をそらす必要がなくなるのだ。

＊　ここでいう「学校的ゲーム」とは、教育の場において展開される、賭け金＝「利得」（学校の場合は、「優秀性」や「高い能力」いった評価）をめぐる競争ないし闘争のことである。後にブルデューが「場」の理論として構築することになる。それぞれの「場」に固有なルールが勝ち負けやその利得（物質的ないし象徴的）を決めており、人々はそれぞれ異なる「資本」をもってこの「場」に「地位」を占め、利得を求めて競争に参加している。

平均的な出来栄えの答案では、非現実的な様式が支配的である。リアルな様式では、限定的表現（「一般的には」「しばしば」「時々」）や、中立的な様式（たとえば不定詞の使用など）によって和らげられ、また非現実の助動詞（ねばならない、必要がある、できる）によって非現実性を与えられ、仮説的な表現方法（「それ故我々は……

と自問せねばならない」「また……とも言いうる」）が用いられている。これに対して、優秀な答案ではリアルな様式の比率が高くなる。

全答案の七二%は、神話によって守られて、すなわち他者[1]の思想から議論を始めている。しかし高得点の答案の七〇%は、導入部で自分の課題意識を明らかにしている。

（1）答案の実に七二%は、一人の著者を引用することで最初の文章を始めている（「デュルケムによれば……」「パスカルは言った」「完全にではないが、筆者は彼を理解し、評価している」「スピノザは、オヴィドを引いているが、更に聖パウロが加わる」）。あるいはまた、起源について述べている（「古代文明以来」「古代のモラリストは、既に」）。大文字の真理（「人間とは、まず道徳的存在である」「哲学とは、疑いである」「人間のすべての行為は、多義的である」……）。常識（「よく言われるように」「通常認められるように」……）。いずれにせよ、こうしたこころみは、出題されたテーマや論点を執筆者自身の意味づけから一種の神話に変えてしまい、リアリティを欠いたものにしてしまうのである。

大部分の答案とはちがい、一二点以上の答案の九〇%は一人称・単数を使い、文の冒頭に実質的なフレーズ（「本当のところ」「実際問題として」「事実上」「事実」）を置き、そして指示形容詞を多用している（「生来の純潔さのこの明示的先行性」「それゆえ我々は、在る事と為す事の、この完全な一致によって、道徳的純潔性を定義することができるだろう」「よき意志を基礎づけるのは、義務へのこの恭順である」「是否を考えるべき問題がここにある」）。彼らは、文の結びとして再帰代名詞「〜自身」をよく使う（「純粋さとは行為の死であるばかりではない、それは死それ自体であり、人間自身には消しさることのできない論理である」)。しかしこの明白な擬人化が文字どおりフィクションであるのは注意すべき点である。純潔についての小論文では、「個人的で独創的な」答案は、純潔を水や火や雪や水晶に譬えていた。

成績のよい答案の七〇%は、問題のフィクション的性格を否定する配慮をしながら、はじめに問題の難しさと複雑さを、またさもなければ問題がもっている例外的意義を強調していた。

「確実性の追求が我々人間の思考の中心にあるかぎり、この問題にかかわる理性の意味は大きい」(二〇点満点で一二・五点)。「社会の諸類型と様々な道徳的態度との間の関係は、社会の諸類型及びその発展と、様々な道徳的態度及びその発展の原因と結果を把握する上で基本となるものである」(二〇点満で一三点)。「人間的に生きることと道徳的に生きること、それはおそらく根本的で唯一の、解決すべく人間に課された固有の問題であろう」(二〇点満点で一二・五点)。

よい答案はまた、正しい論文のドラマツルギー、つまり疑問文や感嘆文による展開を効果的に使う点でも優れている。

「しかし天使でも獣でもない人間、それは中間的な存在なのか、半分天使で半分獣の交配種なのか? 否、もちろん違う!」(一三点)。「だが一体全体誰が、道徳的純潔の化学方程式をつくれるというのだ?」(一二・五点)。「だから善と悪の本能は、後天的なものではないのか?」(一二・五点)。「つまるところ、純潔とは何か？」（一三点）。

命令文も同様に頻繁に使われる（「検討しよう！」「研究しよう！」「結論を出そう！」）。そして、物理的暴力に由来するメタファーも多用されていた（「観念的スキャンダル」「二つのアンチノミーの対決」「弁証法の絶望的な努力」「道徳は、厳格であるため、暴力に行き着く。憤慨、反乱、トラシュマックの横柄さに至るのが必定である」「スピノザは、この問題を我々に暴力をもって課したのだ」）。

＊

教師は小論文を小論文たらしめているあらゆる特徴の価値を低く評価する。しかし他方では、みせかけの反学校的態度や反学校的スタンスを高く評価し、学校世界における「学校的」な態度を呪うべき徳にしてしまう貴族主義的フィクションを永続化させるような学生を、教師は高く評価するように見える。事実上教師は、理解不全を永続化させるに値すると認めることによって、理解不全を永続化させる学生を承認しているのは明らかである。しかしながら、もっと細かく分析してみれば、よい答案は学校文化に対する出来の悪い答案とは異なる関係を維持しているものの、できの悪い答案と同じくらい教師の言語のトロープに頼っていることをしめしている。たとえば暴力や行動の語彙からの借用も、ニュアンスや黙説法、譲歩のトロープと平和共存できるのだ。教師は、学校的なものと反学校なものの選択をしているというよりも、実際には学生の言語が教師にフィードバックしてくるような、一連の学校的イメージや教師自身のイメージの中から選んでいるのだ。こうした諸条件の下では、教師が自分たちに都合のいいイメージに向かうのは当然と言えよう。つまり教師は教育的効率性を優先するようなイメージを好むのであり、また彼らが、たとえもっと現実的であっても、彼らの良心と快適さを脅かすような別の条件〔在り様〕を認めようとはしないのだ。教師が決して認めようとしないことがある。それは単純化によって意味を損なうことである。講義において教師はこう明言するかも知れない。「純潔とは幻想である。しかし同時に幻想ではない」。しかし教師は、この定式化を考察の本質とするような答案に出会っても、自分をその首謀者〔それを言ったのは自分〕だとは決して認めないであろう。「もし純潔が人を惑わせる外観をもっているとしても、それは考察可能であり、従って純潔は可能である」。本章で繰り返し確認してきたように、教師の言語から借用されたトロープやその稚拙で見当外れな復元（不思議なことに教師は学生の復元に反論する――「私はそんなことは絶対に言ってない」）は、答案に自分の言葉を認めた教師に、自分の単純な気質や、さらに悪いことに自分自身を理解させる能力の無さを認めさせるので、〔学生は〕罰をうけることになる。同様に教師は、受験者の試験官への依存をわからせるような、過剰に卑屈な態度を認めようとはしない。平均的ないしそれ以下の答案に見られる、教師の作品への熱狂的な賛辞、その著作や講義からの熱心な引用、彼の名を古代の偉大な思想家になぞえたり、教師の論争を情熱的に支持したりする行為は、（少なくとも、試験前日の注意では）その心のひろい自由主義を誇る教師的精神とは反対の、狭量な考え方だと教師には見なされる。すなわち「自分自身の見解をためらわずに展開しなさい」「私の見解を鵜呑みにしてはならない」「私が話したことを完全に暗唱しなければならないなどとは思わないでください」。教師は、学校的世界に対する過剰な依存よりも、試験官と対等に渡り合う、自信のある学生のみせかけのゆとりのほうを好む。この種の学生は、ほのめかしにほのめかしで答え、ニュアンスにはニュアンスで答え、皇太子御用の言葉 *ad usum delphini* には教師然とした言葉で答えようとする。実はこうした学生こそ、教師のほのめかしによる教育は幻想ではなかったという幻想を強固にするのだ。

＊

学生のレトリックの誤りや偽造のなかに、教師の言葉がその聞き手には理解されていないということの異論の余地のない証拠を発見すれば、それで十分なのであろうか。学校を骨の折れる訓練の場というよりも、それぞれのもって生まれた能力のやり取りや共犯〔暗黙の了解〕complice の場にしてしまう理解不全を永続化するような答案が、高い評定をうけていると結論づけてよいのだろうか。もちろんそうではない。小論文では優雅さやゆとり、自信、気品が本当に質の高い論文だと評価され、これに対して文体の下品さや表現の稚拙さ、下手なまとめ方は低い評価を受けている。それが普遍性という価値で飾られるときでさえ、ある一つの階級の言語でありつづけるような言語の操作能力を、学校的評価の唯一の基準とすることを余儀なくさせる。それゆえ、様々に書かれ評価される小論文は、文化的特権を永続化させるに最も相応しい道具の一つなのだ。

第3章

教師と教育に対する学生の態度

ギイ・ヴァンサン

序文

この調査は一九六三年から一九六四年までの学期において、ヨーロッパ教育社会学センターのスタッフによって実施された。質問紙は哲学、社会学、心理学の受講生およびその他の専攻の統制群を対象に配布された(1)。

(1) サンプルについては、前掲の『学生と学業』の「序文」を参照されたい。

予備調査では教育的関係の問題の全体は扱えなかった。それはもっぱら、調査技法と学生の意見や態度について大まかなイメージを得ることを目的としていた。

教育的イデオロギーが、我々の社会の教育的関係と経済的・政治的関係の比較検討をうながし、「マス・プロ教育」の時代、すなわち新しい社会層の大学進学と「教養教育」の衰退との間に関連が見られる時代には、社会学的研究は、教育的関係を、何らかの社会的機能を果たしている制度とこの制度内の様々な学生集団の態度によって形成されるものとして分析する必要がある。

我々の質問紙は、要するに三つのポイント(1)に着目している。すなわち、(1) 学生が高等教育の研究と目的に対して抱くイメージ、(2) 教育の様々な形態(専門的な講義、実習クラスなど)に対する彼らの意見、(3) 指導技術（黒板、教科書、テレビなど）[2]に関する学生の意見の三点である。

（1）付録2参照。

（2）この質問部分は、後に検討する対象である。

社会学的視点からみると、教師と学生の関係は、客観的には多様な社会的機能を果たしている教育制度における、行為者 agent と利用者 utilisateur の関係と見なすことができよう。教育制度の機能や目的は、多かれ少なかれ、多様な社会集団によって追求される目的と合致している。男子学生と女子学生、また様々な階級出身の学生は、社会や教育制度における自分たちの地位や運命を漠然とではあるが察知している。それ故、学生の教育に対する態度や彼らの教育に対するイメージを研究する必要があるのだ。

教育方法とこの方法が管理する教育的関係は、教育制度の目的に依存している。[1]教育システムの機能が変化したとき、もっと正確に言えばこの機能のヒエラルキーがひっくり返されたとき、すなわちある教育制度の社会的利用者が自分たちの目的をその機能に押しつけるとき、従来の教育方法は途端に伝統主義的と呼ばれ、非難を浴びせられ、それまでうまくいっていたやり方が、効果のない不適切なものに見えてくる。さらに教育制度の利用者は、彼らが所有する諸手段、とりわけ自分の社会出自から相続した広範な資質を自分たちの目的のために利用する。すなわちこうした資質は、多かれ少なかれ大学に固有な価値システムに応じて評価されるだけでなく、その目的として、様々な教育的働きかけや教育方法についての態度を条件づけている。従って我々の学生アンケートの主要な焦点は、大量複製教材の使用、小グループの討論など、様々な講義のタイプにおかれたのである。

（1）アランの解釈によれば、我々の授業には「仕事場の忍耐」がないとしても、それは教師がしゃべることが好きであり、教師の仕事がしゃべる才能に依存しているからである。また、教育の「目的が、猿真似や発明のできるエリー

トを識別することにあるからでもある」（『教育について』、三七節）

もちろん、質問紙による研究方法に問題がないというわけではない。あまりにも直接的な質問は、回答をステレオタイプ化する危険がある。より深い価値や態度に到達しようと思っても、〔調査が作り出した〕人工物 artefacts を手に入れているのかも知れない。同様に意見を収集する必要があるとき、因果関係を説明する必要からその意見をでっち上げてしまいかねないのではないか。我々の調査では、学生が実際に抱いている意見がつかめるような質問を設定している。学生の質問への答えが、実は公開討論や新聞などによって作られた意見である可能性も考えられるからである。この調査は、一九六四年に行われた。この時期は、大学生活の集団的経験や様々な討論が学生たちをすでに教育問題に対して敏感にさせていた。質問を作るに当たって、我々はこうした議論に触れることを差し控え、また明らかにイデオロギー的な立場にたいする表面的で感情的な反応を引き起こさないよう配慮した。

他方質問を作る際には、自由回答の質問を使った予備調査の結果と、一連のグループ・ディスカッション（とくに講義と文化に関する）と非統制的インタビューを利用した。これらの議論の内容分析は、質問に対する回答の意味を一層深める上でも役に立った。

最終的に、我々はできるだけ間接的な方法で、学生が彼ら自身で教育問題について議論している日常言語にあくまでも忠実に、教育への態度を把握しようとつとめた。この調査の方法論的特徴については、質問紙の後の付論でふれている。

本報告は調査結果すべてではなく、体系的な方法でまとめた結果だけを取り上げている。またこの報告には、先行調査（「学生と学業」調査、一九六四年実施[1]）の予備的インタビューと自由回答から得られた質的データの解釈もふくんでいる。

（1）『学生と学業』、『ヨーロッパ社会学センター雑誌』一号、一九六四年、参照。

一　学生と大学制度

我々はこのアンケート調査で学生に対して、高等教育の最も大きな特徴は何か、そして高等教育の本質的目的は何かをたずねている。この質問は、全く分かり切った回答を求める世論調査のようなものではない。むしろ我々は、多かれ少なかれステレオタイプ化された高等教育のイメージに対する学生の反応に関心があったのだ。最近流行《はやり》の様々な声明や公開討論からだけでなく、教師の教示や非難から、またこのシステムの経験やこのシステムがもたらす結果から得られた学生のイメージを問題にしているのである。自分の将来やこのシステムで自分が占めている位置について抱くイメージに対する反応は、それぞれ、いくぶん戯画化された事例が例証するように、多様なものと言えよう。たとえば、「自分の研究は常に有益なはずだから」勉強しているという女子学生。批判精神には欠けているが、その卒業証書が家族よりも高い地位につくチャンスを与えると考えている学生。あるいは、将来の地位を確信し個人的優秀さの証拠とアクセサリーとして、いくつかの文学部の修了資格を取るために来た他学部生。

大学生は、質的にも量的にも変わりつつある。また大学はその基本的価値を問われ、またその再確認を迫られている。しかし、今日の多様な学生はどの程度これらの価値を共有しているのであろうか？

高等教育の目的

幹部職員につく資格の授与者として、知の最高の形態の発展と伝達がその任務だと伝統的に見なされてきた高等教育は、自分たちの在り方とその存在理由を、職業教育にではなく文化・教養の教育にあるとしている。つまり、賢者の省察、良識的判断や理性的行動のできる誠実な人間、単なる専門家にはない心と精神の資質を与える「一般教養」、技術的能力の狭い限界を越えた人格形成などがそれである。

我々の調査は、学生が外見的にはこの教育システムに異議申し立てをしながらも、心の中ではその基本的な価値に同調していることを明らかにしている。

我々の質問では、学生は高等教育がその目的として掲げた機能をその現実的な特徴としてあげることはほとんどなく、自分たちの理想やユートピアと対立するものをその特徴としてあげるであろうと予想された。たとえば最近のステレオタイプを一つあげれば、高等教育の過剰な論理的性格の告発が、実践的教育の理想や「投企engagement」のイデオロギーと対比をなしている。しかし、二つの対をなす質問に対する回答の棒グラフは、予想されたパターンからの著しい逸脱を示している。質問のデザインの目論見通りとはいえ、[1]選ばれた現実のイメージは理想のイメージ（**付録1**、一八二頁参照）の裏返しではなかった。[2]

（1）繰り返せば、回答を利用するに当たり、最初の目的通り質問（18）と（19）を検討した。
（2）いろいろな理由から、この結果は学生全体の意見や態度と見なされてはならない。だが、対象とした二つの統制群（英文科の学生と政治学の学生）の反応は、似かよったものであった。

このことは、一部の学生集団が、このシステムの（一般的に受容されている）価値に同意しているということ、あるいはまた彼らが教育の目的だとしている理想に対応している、このシステムの本質的な特徴に賛同していることを示している。彼らの同意は、最も伝統的で、よく言われる高等教育にとって本質的であるとされる三つの目的に対して最も大きくなる。(1) すなわち、批判的精神、一般教養、学術研究の三つである。たとえば、「一般教養」を高等教育の最も大きな特徴とみなすことは、その目的を専門知識の伝達や、職業教育におく立場からの批判であると考えられがちである〔高等教育の目的は職業教育などであって、一般教養の養成ではないと批判する学生が、高等教育の特徴を一般教養と回答していると予想されがちであるが〕。しかしこれとは逆に、このシステムが今日果たしている機能を「一般教養」とする場合、それは否定的にではなく、肯定的に選択される傾向を示している。(2)

（1）以下の所見は、質問（18）と（19）の相関表の解釈に基づいている。そこで示された相関は、〔現状の〕高等教育の機能の特徴に対する否定的（軽蔑的あるいは批判的）評価ないし肯定的評価を論証している。また、この相関は、大学教育の現状とその目的〔あるべき姿〕との関係の評価、つまり両者が一致しているか、近いか、乖離しているかという評価を論証している。

（2）実際、高等教育の最大の特徴を一般教育にあるとする学生の中では、高等教育の目的を職業教育とする比率は平均を越えてはいないのである。一方、その目的として一般教育〔批判精神の養成、つまり教養的機能はこれより少ないが〕をあげる学生は非常に高いのである。比較のために言っておけば、職業教育を高等教育の目的としてあげる学生は少ないし、またこの学生たちは高等教育の最大の特徴を理論的知識の伝達においている。

それどころか、大学制度に対する異議申し立ては、少なくともある場合には、基本的な価値〔批判的精神、一般教養、学術研究の三つ〕の名のもとになされているのだ。たとえば、今日高等教育によってなされている主要な機能は中等教育教師の養成である（考えにくいことだが、回答者の一％だけが、これが高等教育の主要な役割であ

表3–1　専攻別の高等教育のイメージ

イメージ／専攻	批判精神（%）	一般教養（%）	研究（%）	専門知識（%）	人格形成（%）	職業教育（%）	教員養成（%）	選別（%）	計（%）
哲学（141人）	11	11	3	26	7	10	13	19	100
社会学（109人）	7	14	3	28	4	5	6	33	100
心理学（156人）	3	7	2	51	3	3	10	21	100

表3–2　専攻別の高等教育の目的

目的／専攻	批判精神（%）	一般教養（%）	研究（%）	専門知識（%）	人格形成（%）	職業教育（%）	教員養成（%）	選別（%）	計（%）
哲学（141人）	31	12	7	6	27	13	4	0	100
社会学（109人）	25	4	11	5	38	16	0	1	100
心理学（156人）	18	4	13	6	31	27	0	1	100

るべきだと考えていた）という学生は、学術研究やとくに一般教養を、高等教育の目的とみなしていた。

このような意見は、学生の中で最も一般的な理想にもおよんでいる。すなわち、「それぞれが、現代社会で行動し、また現代社会を理解することを、可能にする」といったタイプの教育を学生は選んでいる。このような目的が、今日の学生のイデオロギーのなかで特権を与えられたテーマの一つであるため、（相対的な）多数派の学生によって選ばれているのだ。とすれば学生たちが、高等教育の目的を教養＝文化の養成とみなし、専門家や技術者の養成とは対極にあるものとしている点は注目に値する。

さらに哲学の学生（卒業年次）は、「人文学的教育」よりも「批判的精神」を理想として選ぶことが多かった。これは、哲学と哲学教育がイメージされる最も現代的であると同時に最も伝統的な仕方である。この機能を高等教育の現実とその理想の両方を描くために選ぶのが他の専攻の学生よりも哲学の学生であるのだから、制度的な価値への固執は、最も伝統的な価値にかかわるときに最も大きくなると結論づけてよさそうである。それどころか、心理学や社会学などいわゆる経験科学的専攻にいる学生の大部分でさえ、「批判的精神」の養成を理想としているのだから、大学制度は、彼らの外見的な異議申し立てがどうであれ、その伝統的価値を学生に押しつけていると言えよう。

(1) 高等教育の現状と理想についての回答で、その比率の傾向が同じなのは、唯一この批判的精神の形成の機能だけである。
(2) いろいろな専攻や階級の中でも特に哲学専攻の学生は、彼らの教育のイメージに他にも増してこの伝統的価値である批判的精神が押しつけられるので、この批判的精神により強い賛同を示すのである。

学生のカテゴリーと大学制度

学生たちが彼らの勉強と関係付ける目的と、彼らの大学制度への依存の度合いは、それぞれのカテゴリーの学生が、固有の経歴的特徴によって区別されて、この制度の中で、あるいはもっと広い社会の中で、占めている位置によって左右される。

社会的階級による差異

我々の予想に反して、今日の大学制度への異議申し立ては、庶民階級の学生から出たものではない。上流階級の学生は、他の学生よりも、職業教育(1)を高等教育の目的とみなす傾向がある。このことは、様々な社会的出自の学生が選んだ、高等教育の目的とその順位付けの割合からも理解できる。他方、庶民階級と中間階級は、「批判的精神(2)」や「一般教養」の価値に最も強い愛着を示している。

表3–3　社会的出自別の高等教育の目的

目的 / 父親の職業階層	批判精神（%）	一般教養（%）	研究（%）	専門知識（%）	人格形成（%）	職業教育（%）	教員養成（%）	選別（%）	計（%）
農民、労働者、サラリーマン（86人）	36	7	5	9	30	12	1	0	100
職人、商人、中間管理職（94人）	17	13	16	4	33	16	1	0	100
上級管理職、自由業（147人）	22	3	8	4	34	24	3	2	100

（1）上流階級と庶民階級を比較してみると、統計的な有意差が見られる。χ^2＝5.24〔カイ二乗検定＝5.24〕、P ＝ .05〔有意水準＝五％〕

（2）χ^2＝5.15、P ＝ .05。社会階層のレベルを測る指標として、学生の父親の卒業資格をとってみると、階級間の差はいっそう大きくなる（この調査では、教育に対する態度を問題にしているので、この卒業資格の指標による分類は有効である。これによって、職業分類よりもいっそうはっきりと傾向性が把握できる）。父親が初等教育修了資格の学生の一〇％が、職業教育を選択している。これに対して、父親がバカロレアないし高等教育の卒業資格をもっている学生は、二四％であった。

伝統的価値への庶民階級の学生のこのような執着は、この教育システムへの彼らの大きな依存によるものである。高等教育の実質的な機能は、「批判的精神」の形成であるというイメージが、他の学生にもまして庶民階級の学生に押しつけられていることが明らかである。(1) そして、この庶民階級出身の学生たちは教養以外の機能を選ぶ場合には、理論的知識の伝達を多く選んでいる。(2) しかも、それを現実のシステムの主要な実際的機能として評価しているのである。

（1）哲学の卒業年次の学生の父親の卒業資格でその回答を分類してみると、この傾向は明らかである。高等教育の最大の特質として「批判精神の形成」をあげる比率――初等教育修了資格＝一一％、中等教育修了資格＝一〇％、バカロレア＝三％。

（2）χ^2＝3.85, P ＝ .10.

ところで実は、教師による庶民階級の学生にたいする批判で最も多いのは、彼らが批判的精神と文化＝教養[1]に欠けているという点なのである。大学制度において、学生が値踏みされる最高の価値は、何よりも社会的な相続遺産である、ある種の精神の形態 forme なのである。こうした社会的な相続遺産を受けていない学生はそれだけ一層、この大学の価値基準を受け入れる傾向にあるし、また大学が学生に暗黙に要求しているものを、庶民階級の学生たちは大学が教えてくれるものだと期待するのも当然と言えよう。

（1）リヨンの教育社会学センターの調査が、特にこのステレオタイプを明らかにしている。この調査では、中学生の高校教師（「入門クラス」）に対する態度を調べている。

職業教育を高等教育の目的として選ぶ傾向の強い上流階級の学生も、人間的教育を多く選んでいる。また、彼らはこれ〔職業教育の重視〕と相関的に[1]、大学制度が実際に果たしている主要な機能を、卒業資格[2]による社会的選抜であると認識している。この社会的選抜にたいする庶民階級の抗議とは縁遠い態度は、大学を社会における、「重要なポストへの接近を可能にする」卒業資格の分配者とする功利主義に、上流階級の学生が満足していること[3]の表白である。上流階級の学生が職業教育を好むのは、卒業資格と職業がその社会的なランクを保持し、正当化するうえで不可欠であると理解されよう。こうした上流階級の学生は、権力と威信のある地位を占めるための彼らの相続権を象徴的に裏付けるため、人間関係の問題を扱う、専門家の狭さを越える幅広い教育を、高等教育に要求するのではなかろうか。[4]

（1）高等教育の機能として卒業資格による社会的選抜を選ぶ者とその目的として職業教育及び人間教育を選ぶ者は相関している。
（2）哲学の卒業年次の学生の内、社会的選抜を選ぶ学生は上流階級出身で二二%、中間階級で一七%、庶民階級で一五%であった。社会学の学生の場合、この同じ傾向は社会的・文化的な階層（父親の卒業資格）に対応して顕れる。
（3）社会的選抜を選ぶ学生というのは、試験によい成績で合格した学生であり、卒業資格を獲得する全てのチャンスに恵まれた学生である。

（4）これを傍証するのは次の事実である。庶民階級の学生が人間教育を高等教育の目的として選ぶ傾向に対して、社会学の学生は非難する。その境遇によって高等教育を受ける事の出来る学生にとって、社会学専攻は避難場所であり、他学部を主要な専攻にしている学生にとって補足的な専攻なのである（〔社会学の専攻は〕庶民階級の中では第二位二八％、中間階級では第一位三九％、上流階級では第一位四五％である）。

パリの学生と地方の学生

人間教育に関して言えば、社会学専攻の学生の場合、ブルジョア出身の学生か庶民階級出身の学生かの違いと同程度にパリに住むか地方に住むかが大きな影響を与えている[1]。これらの現象は、実際、庶民階級出身の学生が比較的地方に多いということと無関係ではない。

（1）人間教育を選択する者――パリ＝三二％、地方＝四四％。

予想したとおり、伝統的な制度的価値への賛成が最も強いのはパリよりも地方においてである。

もう一つの発見は、地方の学生の意見が大学制度に強く依存していることである。様々な大学スタッフ[1]の役割を含めて、彼らが好む教育実践の種類を描写するよう依頼したところ、地方の学生は、大学のヒエラルキーの存在を疑問視しようとすることはパリよりも非常にまれで、またパリでも地方でも哲学よりも、社会学の学生の方が、このことを疑問視する傾向があった（**表3―5**を参照）。

（1）付録2に明らかなように、学生にはスタッフの種類（教授、助手など）と彼らの目から見て教育の基盤となる活動の種類を選ぶよう指示している。

男子学生と女子学生

女子学生の一部は、我々の社会の女性の行動を支配している伝統的なモデルを拒否しており、学習を実践的な目的、つまり職業のための準備に資するものとしていることが、我々の調査では明らかとなった。哲学と心理学の女子学生は、男子学生と同程度に、高等教育の目的として、職業教育を選んでいる。社会学[1]の女子学生の四分の一（男子学生はわずか八%）は、この目的を選んでいる。結局、教員養成を多く選んだのは、哲学を専攻する女子学生だけだった。しかしながらこの結果は、伝統的なモデルが、隠れてはいるが依然としてある役割を果たしていることも示している。教職は伝統的に女性むきのものとみなされているからだ。社会学は、その就職口が最も不確かで、最も専門的でない専攻である。そして、社会学の女子学生の態度は、女性化が進んだ専攻であり、女性的とみなされる職業である心理学の女子学生の態度と非常によく似ている。

表3–4　大学の地域別の高等教育の目的

	批判精神（%）	一般教養（%）	職業教育（%）	その他（%）	計（%）
パリ	26	8	22.5	43.5	100
地方	33	15	7	35	100

表3–5　大学の地域別の好まれる教員

大学 ＼ 教員		教授（%）	その他（%）	計（%）
パリ（91人）	哲学	73.5	26.5	100
	社会学	64	36	
地方（155人）	哲学	97	3	100
	社会学	84	16	

（1）社会学専攻の場合、男女による違いは重要である。社会学の男子学生は、哲学の男子学生と全く同じ考えであり、女子学生の場合は心理学と同じである。他学部の男女学生には、こうした違いは見られないので、これは社会学の研究内容に起因するものと思われる。

さらに言えば、哲学の女子には、男子より「一般教養」を大学での学習の目標として多く選び、学術研究と理論的知識[1]の伝達は男子より少ない傾向がある（「一般教養」は、哲学の女子学生の一七%であり、大学制度の目的のうちで三位となっており、これに対して男子学生では七%にすぎず、六位であった)。社会学と心理学の女子学生は、男子学生よりも多く、「現代社会で行動することとその世界を理解することを可能にする人間教育 la formation humaine」を選んでいる。それゆえオーギュスト・コントが述べたような女子の伝統的態度を、我々の調査結果のそこここに見いだすことが出来よう。コントは述べている。「神が、その道徳的摂理をゆだねたのは、男性と博愛との媒介者であり、すなわち情緒的な性〔=女〕にである」

(1) 心理学と同じく哲学の場合、高等教育のそれぞれの役割に関して男女の差異の有意水準は、P = .05. であった。偏差が少なかったのでカイ二乗検定は行わなかった。

女子学生は、高等教育が理論的[1]にすぎると考えており、学習を伝統的な女子の役割に対する準備とみなすことで、女性の役割の社会的定義に同意しているのだ。

(1) 女子学生は、現実の高等教育が果たしている役割として理論的知識の伝達をあげる者が、男子学生より多かった。哲学の場合、女子=三一%、男子=二〇%。心理学の場合、女子=五七%、男子=三九%。

二 学生と教育方法

不平等な教育的関係と、これがもたらす〔学生の〕無気力の告発が、そしてまた学校の民主化を促す様々な要求がなされている。学校の民主化は、新しい教育イデオロギーに特徴的な能動的方法と集団作業にもとづくものとして提起されている。こうした告発と要求を、ある人々は全体社会の革命の一部と見ているし、その他の人々は少数の活動家たちのユートピアに過ぎないと見ている。しかし、いずれにせよ、こうした諸要求が高等教育における新しい社会層の登場と関連があることを、こうした主張は裏付けている。

小集団活動は我々の調査が特に重点的に扱ったものである。この教育方法を好む学生は、伝統的方法を拒絶し、教育的関係の改革を要求しているかどうかを、我々は調べた。そして学生の社会的出自による、この小集団活動に対する態度の違いを明らかにしている。もし、大学制度が用いている教育方法にたいする異議申し立てがあるとすれば、それは上流階級に適合的な教育に到達した庶民階級と中間階級の学生から生じたのだろうか。

グループ作業と教育的関係

グループ活動への志向は、あるカテゴリーの学生において、とくに庶民階級出身の学生に多く見られる傾向とされている。しかし我々の調査において、教育的関係そのものを直接質問してみると、最も個人主義的で、最も「直接性」を好むのは庶民階級の学生であることがあきらかとなった。

望ましい教育活動にかんする回答を説明するために、ある指標を設定した。学生によって選ばれた教育的活動の総数、学生の間と学生―教師の間の様々な共同 coopération の数によって、この指標は構成されている。

——グループ作業、あるは教師との共同作業

——グループ発表

——講義中の教師とのディスカッション
——非指示的なディベート
——複写物による集団作業

この指標は、グループ作業と教師との「対話」の選好を調べるものである。[1]

（1）学生の作業グループに関する指標と態度の相関を調べることによって（付録3、質問25）、「大学のグループ作業」（G・T・U〔Groupe Travail Universitaire の略と思われる〕）への参加で明らかとなる傾向と同じ傾向が確認できると思われる。

表3–6　「グループ作業」の志向と社会的出自

父親の職業階層＼程度	低い（%）	中間（%）	高い（%）	計（%）
農業、労働者、サラリーマン	11	48	41	100
職人、商人、中間管理職	30	33	37	100
上級管理職、自由業	23	50	27	100

共同作業への志向はまず、様々な学問分野の学生がいだく、知的な作業にたいする表象と結びついている[1]（たとえば、卒業年次の哲学科の学生は、最も個人主義的であることが分かった）。さらに、この共同作業への志向は学生の生活条件とも結びついている。一人暮らしをしている学生は、両親と同居している学生よりも〔共同作業に対する〕高い志向を示しており、地方大学の学生は、最も高い志向を示していた。学生の環境に対する社会的な統合は、このように重要な役割を果たしている。たとえば、地方に住んでいる学生は、パリに住む学生より共同作業に高い志向を示している。[2]

（1）従って、我々は個々の専攻内部への変数の影響を調べたのである。
（2）哲学の場合、地方の学生の二六%がある指標を多く選んでいる（パリは一〇%）。以前の調査（参照、『学生と学業』、前掲書、三七頁）では、教育的要求、とりわけ学生の教師との接触が地方ではパリよりも多く選択されている。

庶民階級の学生は、社会学でも哲学でも、上流階級の学生や、特に中流階級[1]の学生にくらべて、よりいっそう共同的方法を好む傾向がある。

（1）〔父親の職業による階級分類でなく〕家庭の文化的水準を考慮に入れれば、この共同作業への志向は、中間的な社会的・文化的階層では更に低くなる。

女子学生の場合、予想通り共同的教育への志向と学生組合〔自治会〕に対する態度とが相関関係にある。つまり、活動家や積極的な支持者は相互的な教育の指標に最も高い数値を出していた。

しかし、こうした結果をもっと良く理解するには、教育的関係が直接問題にされたとき、学生がどんな反応をするかということを知る必要がある。そのため我々は、実習[1]についての見方に焦点をしぼることにした。質問紙では、教師と学生の実習における共同作業の三つのタイプが具体的にあげられている。すなわち、（1）学生を前にした教師の作業、（2）教師の指導の下での学生たちの作業、（3）教師と学生の共同作業の三つである。どの程度まで、学生は教師との共同作業を望んでいるのだろうか、また教員のどのレベル（教授、助手、専門家）を一緒に実習するに相応しいと考えているのであろうか。それが物質的条件によって不可能である場合を除いて、教師と学生の間のどのタイプの共同作業かがこの〔大学〕システムによって認められた場合、一般的に共同作業を最も好むが学生が、このタイプの共同作業〔実習〕は拒絶する傾向を示すとしたら、集団作業と教師との「対話」を好むことは、この教育システム全体をひっくりかえそうという意欲 volonté ではなく、実は伝統的な大学体制下における学生の不安《マレーズ》をあらわしていると言えよう。

表3–7

参加のレベル ＼ 程度	低い（%）	中間（%）	高い（%）	計（%）
無関心（129人）	40	34	26	100
支持者（177人）	35	34	31	100
活動家（63人）	11	38	51	100

（1）質問における特に力を入れている活動についての学生の意見は、割愛した。

たとえ、学生の大部分がその経歴に関わりなく共同的な教育方法を好むとしても、重要な違いが存在する。たとえば、地方の学生はパリに住む学生よりも「指示的」〔教育方法〕を、

表3–8　教育活動と大学の地域

地域＼教育活動	教師のみ（％）	共同（％）	指導の下（％）	計（％）
パリ	8	79	13	100
地方	13	59	28	100

つまり受動性と呼ばれるべきものを好む傾向ある。[1] 彼らは、教育的関係における距離を減らすことにためらいを感じており、より学校的な態度と、この教育システムへの従属性をまたもや露《あらわ》にする。

（1）社会学の学生についてのみ集計した上の表の有意差水準は、五％である。

庶民階級と中間階級の学生にも同様のことが言える。両者は、専攻分野に関わりなく、上流階級の学生よりも、学生の前で教師によってなされる作業[1]や、教師の監督下にあるクラスでの作業[2]を好む傾向がある。自分たちの地位が低いがゆえに、つまり〔学校〕文化＝教養との距離を意識しているがゆえに、庶民階級と中間階級の学生たちは教育における距離を減らそうとはしないのである。

（1）中間階級の学生の一般的傾向である（中間階級＝一二％、上流階級＝五％）。

（2）哲学の場合――庶民階級＝二四％、ブルジョア階級＝一七％。心理学の場合――庶民階級＝二七％、ブルジョア階級＝一八％。

実習についての意見の違いは、小集団活動についての違いとは逆の傾向を示している。結論として言えば、小集団活動への志向は、伝統的教育関係への疑義を含んではいないと言えよう。そして実際、こうした伝統的教育関係が存在する限り、これに疑義を提示するのは、庶民階級と中間階級の学生ではないのである。

師と弟子

カリスマ的な要因が含まれるような、伝統的なタイプの教育システムにおいては、教師の役割はむかしから混同〔同一視〕されてきた聖職者的な機能の特徴をもっている。

我々の予備調査のインタビューとアンケートにおける、好きなタイプの教育の選択理由が示すところでは、今日の大学教師についての二種類の期待が明らかになった。つまりその一つは、今日の大学教師は、明確で優れた質をもった知識を伝達しなければならない。しかし一方では、かれは「個性」をもち、深い思想を示さなければならない。要するに、彼は、いくつかの名状しがたい資質《カリテ》を伝達できる先生と師でなければならない。

「教師には存在感がなければならない」。「講義は聴く者を考えさせるものでなければならない……あたかも瞑想でもするように……ノートがとれなくても問題ではない」。「私は、自分の思想を伝え、経験を話してくれる先生が好きです……教師が自分の言っていることを実際に信じているという印象をもっています……教師には人をうっとりさせる魅力が必要です……そこに触れあいがあるのです」。「まったくの学校的というのではなく、講演のような講義が必要です」。「権威ある講義が必要です……つまり研究者である教師による、訴えるべきメッセージのある講義でなければならない」。「明白でよく組織された講義」。「本を朗読するだけの教師はいらない……教師の個性がはっきりと示されるべきだ」。「エスプリをもった教師……」。「明白でノートを取りやすい講義」

表3–9　講義についての意見

	学校的	明確、客観的	華麗	個性的	明確＋授業計画	華麗＋授業計画	個性＋授業計画	計
言及数	84	91	12	163	25	13	52	440

表3–10　講義についての意見

	学校的（%）	明確、客観的（%）	計（%）	華麗（%）	個性的（%）	計（%）	その他（%）	計（%）
農業、労働者、サラリーマン（97人）	27	21	48	1	30	31	21	100
職人、商人、中間管理職（95人）	16	23	39	2	41	43	18	100
上級管理職、自由業（172人）	19	16	35	5	40	45	20	100

教育的関係は二つの極端なカテゴリーに別れる。一つは、未知へのいざないと恩恵の享受、もう一つは、明確な知識の非人格的な伝達《コミュニケーション》である。この両極の間には、名講義や「教養ある」繊細さがある。

全体としてみれば、一方では学生の大部分は「深遠で」「個性的な」講義を好んでいる。しかし、これとは両立しがたい様に見えるが、同時に「授業計画の提示」や「ノートが取れるように」といった功利的な要求も示されている。他方では、多くの学生は実際明確で非人格的な「はっきり分かる授業」も望んでいる。それゆえ、一部の学生集団が〔教師に〕思想の師を求めるとすれば、他の学生の関心事は学校的な生産性なのである。というよりもむしろ、ほぼ全ての学生が、この二つの期待を同等にまた矛盾しながらもっているように見える。

非人格的な講義ではなく、「個性的な講義」を好み、「授業計画」への関心が低い点で、女子学生は男子学生と違っている。(1) 教師を単なる知識の保管者と見ている男子学生の一部が、知識の吸収にだけ関心をもっているのに対して、女子学生はここでは、人格的な接触と教師による支配への要求をあらわしている。

（1）　この傾向はどの専攻でも見られるのだが、哲学専攻では予想通り、特にこの傾向を示している。「明確で客観的な」講義は、女子学生＝二二％、男子学生＝三五％。「個性的な」講義は、女子学生＝六二％、男子学生＝五〇％。

庶民階級の学生は、他の階級の学生よりも「個性的」で「才気に溢れた」講義を好まない傾向がある。彼らは、たとえ威信や野心に欠けていても、よりとっつきやすく生産性のある授業を好むのである。(1)

(1)「個性的」で「才気に溢れた」講義と他の講義と、社会階層における両極〔上流階級と庶民階級〕を対比してみると、カイ二乗検定＝四・〇八、有意水準＝五％であった。

教育の仕方に対する同様の傾向は、学生を父親の学歴で分類して見ると、よりはっきりする。三つの専攻（哲学と心理学と社会学）では「学校的な」講義を好む傾向は、父親の学歴が下がるに従って大きくなる。父親の学歴がC・E・P（職業教育証書〔中学校〕）である学生の二一％、コレージュ修了証書brevetの学生の四〇％に対して、父親がバカロレアを取得している学生の一七％だけが、この「学校的」講義を好んでいる。逆に言えば、「個性的な講義」にたいする低い支持は、父親がコレージュ修了証書をもっている学生に見られる（つまり、バカロレア取得者の子どもの五五％、C・E・P取得者の子どもの四九・五％に対して、「個性的な講義」を好む割合は三七％にすぎない）。

また、社会学と心理学の学生では、教養の面で劣った家庭環境出身の学生は、教養ある家庭出身の学生にくらべて「個性的な講義」を選好しないし（五一％対六一％）、「明白で非人格的な」講義をより一層好む傾向を示している（二七％対一六％）。

それゆえ、ノートが取りやすく、〔講義の〕後で吸収しやすい講義、付いていくのがた易く、吸収しやすい講義を好むのは、父親の職業や家族の教育レベルが、中下層階級の学生なのである。

しかし、こうした好みは、少なくとも庶民階級の学生の場合、深遠な講義や情熱と個性的思想で評判の講義を拒絶することにはならない。むしろ、我々は、同じ個人の中に共存するこの二つの要求[1]に直面しているのである。実際、庶民階級出身の学生の回答には「個性的講義」は少ないのに対して、より多く「授業計画の提示のノートのとりやすさ」をそれにつけ加えているのである。その結果、他の選択肢を伴うか否かに関係なく、「個性的講義」で一括りしてみると、社会階級による違いはほとんどないのである（四七％、五一％、五二％）。「個性的講義」への明白な拒絶を示すのは、家族の教育レベルを考慮に入れたときだけである。これは父親の学歴がコレージュ修了証書である中間階級の一部に見られる。

（1）ここで分析に用いた技法は、正確に差異の傾向、つまりは対立を把握することを目指した。

結論

教育の目的と方法に関する学生の意見は、様々な態度に見え隠れしている。こうした態度は、実際の学生の行動が混乱した形で反映する要因を十分に考慮に入れた理想型のロジックから見ると解明できる。学生が自分の勉強や教育に対する態度に与える意味は、常に、彼らの現在と未来の条件によって、また大学システムと社会における彼らの位置によって左右される。

庶民階級と中間階級の学生にとって、問題はエリート構成員の象徴である高等教育に固有な精神《エスプリ》と文化＝教養をいかに獲得するかということである。ブルジョア出身の学生にとっては、特権を保証する一般教育を完成させることや、地位を失う危険をおかすことなしに資格を獲得しキャリアを得ることが問題なのである。中下層階級出身の学生は、伝統的な制度的価値を認め、受け入れているだけ一層、家庭から相続した文化に距離を置くことになる。おそらく彼らは教育的関係に存在する距離を最も強く感じることになるであろう。しかしながら、彼らはこのシステムにより一層依存し、その要求により服従し、その影響により敏感なので、その教育方法を疑問視することがあまりなく、中間階級の学生に顕著な学校的な熱意を示すことになる。実際見られたように、庶民階級の学生は、不安を減らすために、グループの支持を求め、大学教師と対話を求めるのである。しかし、中間階級の学生が目的を達成しようとするのは、個人主義と服従によってである。彼らは、その資質の獲得に必要な手段を欠いている人々には手の届かない、学生に期待された資質があることをひけらかす教育方法〔才気に溢れ、個性的な講義〕よりも、最も学校的な教育方法〔分かりやすく、付いてゆける講義〕を好むのである。(1)

(1) 一部の学生たちは、教育システムの諸価値に順応することで、その手段とは矛盾する目的に貢献しているが、学生と教師の不満は、少なくとも部分的には、教育的関係の現実の病理を表していると言えよう。

女子学生の態度は、庶民階級の学生がブルジョアの学生と違うように、(1)いくつかの点で男子学生とは違っている。彼らがグループ作業を好み、教師による人格的な支配にもとづく教育的関係を好み、また男子学生よりも伝統的な制度的価値を受容するのは、女性が、社会において伝統的に育んできた役割に未だに従属し、そのための準備をしていることを示している。

(1) 以前の調査『遺産相続者たち』は、この仮説を証明している。

かくして学生たちの不満や異議申し立てにもかかわらず、大学制度は依然として、その目的と価値の学生たちへの押しつけをなし得ているのである。

〈付録 1〉

高等教育の目的とイメージ

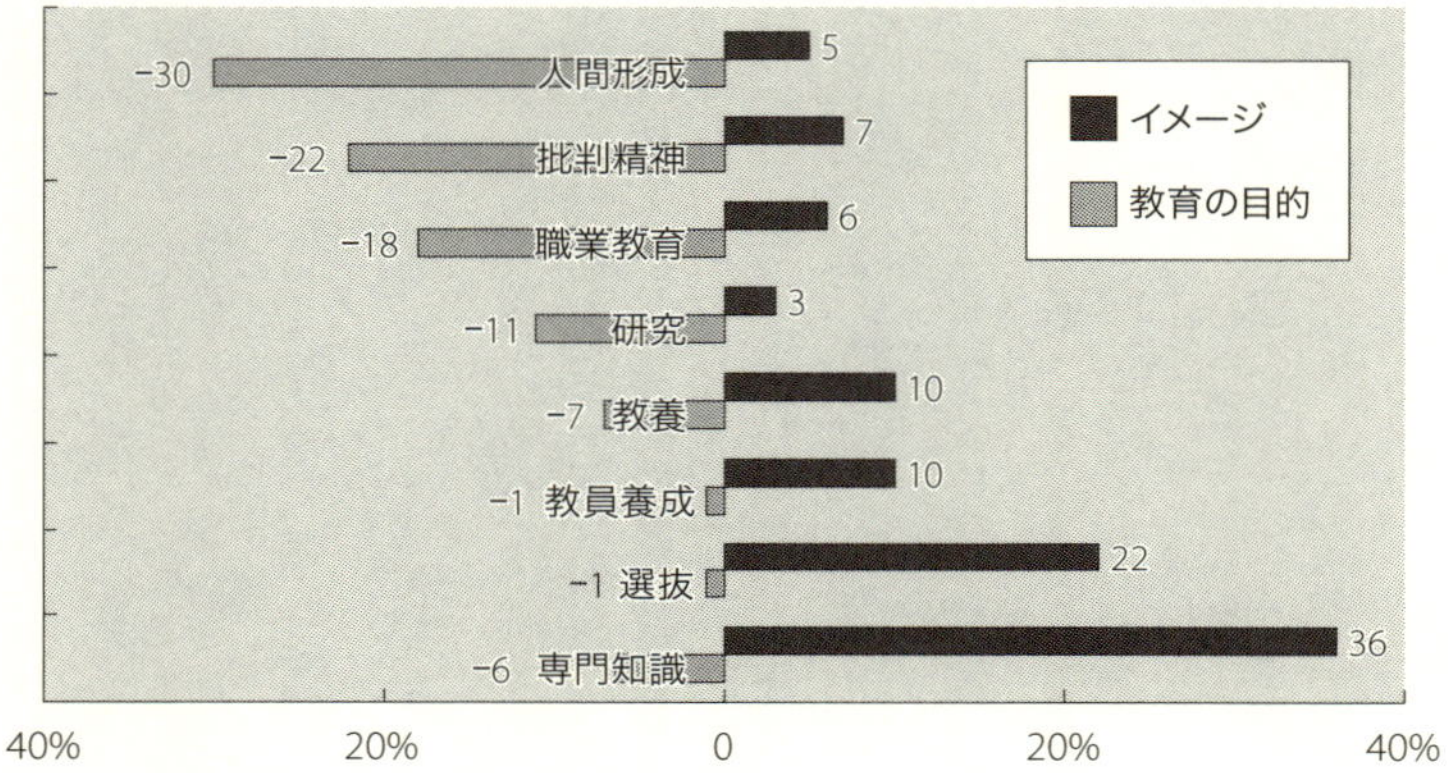

〈付録 2〉

調査対象者の属性（哲学・社会学・心理学の学生）

年齢 父親の職業階層	21歳未満（%）	21～23歳未満（%）	23歳以上（%）	計（%）	行計（%）
農業	19	58	23	100	6.3
労働者	24	52	24	100	5.2
サラリーマン	44	41	15	100	10
職人、商人	38	43	19	100	10.2
中間管理職	45	40	15	100	14.2
上級管理職、自由業	38	41	21	100	37.5
その他、無回答	28	44	28	100	16.6
計	36	43	21	100	100

（N ＝410）

〈付録3〉**質問紙**

ヨーロッパ社会学センター（ムッシュー・ル・プランス通り一〇番地、パリ六区）

教育社会学

調査票No.

（1）大学　　学部（又は大学校）

（2）生年月日

（3）性別

（4）既婚／未婚

（5）あなたはどの中等教育を受けましたか

公立　私立

補習科（一九五九年廃止）　リセ

寄宿生　通学生

（6）バカロレア

第一部のコース　　成績
第二部のコース　　成績
（7）バカロレア試験で失敗した教科の有無
第一部　はい　いいえ
第二部　はい　いいえ
（8）この学部（又は、大学校）に何年に入ったか
（9）高等教育試験での失敗の有無
（10）今年どんな資格（又は試験）の準備をしていますか
（11）住宅環境
両親と同居
学生寮
ホテル
民間の学生寮
間借り
個人のアパート
その他
（12）大学までの所要時間
（13）収入源

奨学金

俸給（エコール・ノルマルなどの給費生）

仕送り

バイト

バイトの場合、その仕事内容

バイトの平均時間（週あたり）

(14) 父母の職業

父親の職業

母親の職業

(15) 父母の最終学歴

父親の最終学歴

母親の最終学歴

(16)—1　教育に用いられるさまざまな活動（講義、実習など）のうちどれが一番望ましいですか。

答えを比較出来るように、教育方法に含まれる主要な要素に関する次のリストから選んでください。これらの要素は文字か数字で表されています。

まず、教育に絶対必要と思われる要素をリストから選び、該当する記号で表1に書き込んでください。

表1

関係者		活動	特質
A	F	1	a b
B	G	2	a b
C	H	3	a b c
D	I	4	a b
E		5	a b c d
		6	a b
		7	a b
		8	a b

それから、つけ加えたい活動があれば、同じように表2と表3を完成してください。
（注――付表の回答例を見ながら完成してください）

表2（表1に同じ）

表3（表1に同じ）

（16）―2　選択理由をお書きください。自由回答。

質問16の選択リストと回答例。

教育の諸要素

関係者

A＝教師　B＝講義者／説明者　C＝インストラクター　D＝助手　E＝グループのリーダー

F＝一〇人以下　G＝二〇人以下　H＝二五人から五〇人の間　I＝五〇人以上

活動と選択肢

1＝練習問題、試験、口頭試問 ｛a＝採点される／b＝採点されない

関係者		活動	特質
(A)	F	1	a b
B	G	2	a b
C	(H)	3	a b c
D	I	4	a b
E		(5)	(a) b c d
		(6)	(a) b
		7	a b
		8	a b

2＝発表
- a＝学生が準備
- b＝学生の小グループで準備

3＝教育機材の使用。実習。資料・テキストの分析。
- a＝学生の前で教師が
- b＝教師と共同で
- c＝教師の監督の下で

4＝複写資料
- a＝作成者による読み上げ、解説
- b＝学生に配布し共同作業

5＝講義
- a＝板書、またはノートが取れる話し方。授業計画の説明有り
- b＝明確で客観的説明。教師は自分の立場を押しつけたりせず、事実と理論のみ説明
- c＝学会のような鮮やかな説明
- d＝「感情移入」のある個人的思想を披瀝。研究を深めるヒントを述べる

6＝発問
- a＝説明の中で
- b＝説明の後で

7＝討論
- a＝教師の指示なし。聴講者に一任
- b＝教師の指示したテーマについて

	社会学				哲　学				社会心理学			
	不可欠	有用	やや有用	無用	不可欠	有用	やや有用	無用	不可欠	有用	やや有用	無用
図、グラフ												
テープレコーダー												
映画												
教科書												
自習機械												
写真、スライド												
複写資料												
展示物												
ラジオ												
テレビ												

8＝練習問題や小論文の添削　｛a＝こうした方が良いという簡単なコメント
b＝模範解答を示し何度も添削

回答例

四〇人規模の授業で、教師が学生に口述させ、講義中に発問する場合、表1に次のように記入してください。

「関係者」の欄　記号A（教師）と記号H（二五人〜五〇人規模）。

「活動と特質」の欄　数字5（講義）と同じ行の記号a（口述筆記）。数字6（質問）と記号a（説明による中断）。

この回答の場合は、上のように記入する。〔選んだ記号や数字を丸カッコで囲む〕

もしあなたが、講義に付け加えるべきものとして、助手によって指導される説明とディベートがあると考える場合は、表2に記入してください。その場合は、「関係者」はB（助手）などと記入する。

もしあなたが、これら二つの形態が補い合うべきであると考えるなら、表3を作り書いてください。

(17) あなたの考えでは、以下の教育機材は、絶対必要ですか、有用ですか、やや有用、無用ですか。それぞれの専攻（社会学、哲学、社会心理学）について答えてください。

(18) 次に述べられる様々な期待のうち、今日のフランスの高等教育にもっとも特徴的なものを、自分の経験に則して答えなさい。

(19) あなたの考えでは、高等教育にもっとも必要不可欠な目的はなんですか。

(20) 一週間に何時間授業がありますか

(21) 先週何回授業を休みましたか

(22) 勉強を終えた後の職業を決めましたか

(23) もし決まっているなら、選んだ職業は何ですか

(24) ねらっている資格を取る前に勉強をあきらめなければならないようなプレッシャーを感じたことがありますか。

はい　いいえ

理由は　経済上の理由　試験の失敗　その他

(25) 学生組合に属していますか

(26) 政治運動への参加の度合い

活動家又は積極的参加　支持者　無関心　参加拒否

(27) 学生組合への参加の度合い

活動家又は積極的参加　支持者　無関心　参加拒否

このアンケートに関する注記

我々は、従来行われてきたアンケートの問題点を克服するよう努めた。従来のアンケートの質問の仕方は、あまりにも直接的で、誘導的であり、ステレオ・タイプな回答しか引き出せないものであった。

たとえば我々の質問（16）では、「リスト」（口頭で比較するよう指示）に掲げた様々の教育活動の中から、選択させる方法をとった。こうすることで、選択も拒否も可能になり、直接的な誘導を避けることができた。回答者に直接的に質問したのでは言い出しにくい拒否が、無意識的な無反応などによって可能になったのである。さらに、教育活動の諸要因に基づいたこの質問の再構成が必要になったため、新しい選択肢を作ることが出来た。これによって無理な選択肢を押しつける必要が無くなったのである。たとえば、リストのいくつかの要因から様々なグループ作業の定式化が可能となった。つまり、「教員による指示なし」とか「教室が満席で座る席がない」といった選択肢は取り除くことが出来た。

他方我々のアンケートでは、選択肢や教育的諸活動や教員のランク付けをしている。こうしたランク付けは、それらの中にある構造を把握しようとするものであった。つまり、どんな教員の活動が学生によってどの程度期待され、それが他の教員の活動といかなる関係があるかを明らかにしようとしたのである。

こうした質問の仕方は、先述の問題点を解決していると思われる。

学生にとって明らかに難しいと思われる質問は、回答例を例示することで難度を軽減した。選択用の「リスト」の作成には、レストランのメニューと同じ程度の努力が必要であった。こうした色々な工夫によって、諸変数を調整する事が出来た。回答者である学生たちの従順さ（たとえば、我々の指示の尊重によって測られる）の程度は、教師の要求や学校の出す練習問題に対する従順さの指標を作る手がかりを与えてくれた。またこうした学生たちの回答の仕方が、教育や教師に関する情報を提供した。

第4章

リール大学図書館の利用者

ピエール・ブルデュー
モニク・ド＝サン＝マルタン

調査の経験的条件によって余儀なくされたことではあるが、本調査のアンケート用紙はリール大学図書館の利用者のみに配布されている。(1) その結果、本調査では他の方法や技法を用いたならば得られたかも知れないテーマは断念せざるを得なかった。つまりたとえば、〔本学の図書館を利用しない学生も含む全学生を母集団とした〕サンプル調査であれば全読書中に占める図書館での読書の比率や、より一般的に言えば学生の利用する図書館の種類(大学図書館やその他の施設の図書館)に関する多様なカテゴリーの学生における態度の違いなどが明らかにされたであろう。また本調査では研究対象が、大学図書館の利用者の態度とその提供するサービスに限られたため、周到で体系的な行動観察であれば得られたような客観的な情報は断念しなければならなかった。(2)

(1) 本調査は一九六四年三月一六日(月)―三月二一日(土)の間、少なくとも一回リール大学の図書館を訪れた学生八八〇人を対象としている。このアンケート用紙はリール大学文学部の社会学の学生グループによって配布された。図書館を訪れた学生たちは、この学生グループによってこのアンケート調査に回答するよう勧誘された(最初の図書館訪問の際一度だけ)。本調査の結果を論証し、時期によって、特に試験の近づいた時期に図書館の利用がどの程度異なるかを検討するため、非常に簡単な第二の調査が五月二一日に実施され、二五五の回答が別に分析された。
我々は本調査の実施にお骨折りいただいたリール大学図書館主任司書A・ブリュシェ嬢と予備観察を行い、また予備調査と本調査を手助けしてくれたR・ベギーネ氏およびJ・F・ラカスカド氏に感謝する次第である。

(2) 大学図書館における学生に対する体系的な行動観察は、一般的なヒントを提供したにすぎない。調査対象者の社会的属性とその多様な態度の関係を把握するには、アンケート調査が必要であった。

大学図書館というものは多様な機能をもっているため、実に様々な利用のされ方をしている。従ってそれは、学生と図書館が学生に提供する手段的可能性との多様な関係を把握する機会を与える。〔本来〕図書館はその固有な機能として他では得られない手段(図書、辞典類、文献目録、レファレンス・サービス)を提供するものなのだが、この図書館に固有なサービスが全く利用されることなく、大学図書館は学校の勉強やノートを読むことや宿題のために利用される勉強部屋になっている。周知のこうした機能のほかに、大学図書館は勉強部屋と化していることから来る別の機能、すなわち出会いの場の機能も隠しもっているのだ。

学生の図書館の利用が客観的に意味している機能が、大学図書館の実質的機能の最も的確な定義と言えよう。調査を実施した日に、学生に彼らの図書館での行動を尋ねたところ、三八％の学生は図書館の提供するサービス（文献目録、辞典類、図書）は利用せず、図書館で学校の勉強をしていると答えている。また二四・五％は辞典類を利用し、二五・五％の学生だけが図書館や自分の部屋で読むための本を借りるなど本来の大学図書館のサービスを利用していたにすぎない。(1)

(1) 図書館の貸し出しサービスは、本を借りに来た学生が図書館に入ることなく借り出せる仕組みになっている。この点を考慮に入れると、実際に自宅貸し出しを利用した学生は、我々の調査でつかんだ数を越えている。つまり、文献検索をせずに本を借りに来ただけの学生は、読書室の入り口で配布したアンケートには答えていない。

ほとんどの学生は、図書館では家できること以上のことは何もしていない。というのは大方の学生の証言によれば、図書館は沈思黙考には向いていないからである。しかしよく観察してみると、図書館の利用者は図書館で全く勉強していないというよりも、そのふりをしている。予備調査では三三の学生の行動が観察されている。その内の二二の行動は気晴らしやくつろぎを意味し、またある者は退出するかのように絶えずキョロキョロとあたりを見回している。他の者は隣の学生とお喋りをし、あるいは自分のことより周りの他人のことに注意を奪われている。こうして見ると、学生は図書館で家では見いだせない何かを探していると言える。また学生にとっては、図書館の「雰囲気」が生み出す本当か嘘かは別にして、勉強に対する励ましや面識の有無に関係なく他の学生との接触で得られる心理的満足やこうした接触への漠然とした期待がお目当てなのだ。

大半の学生の行動は、図書館の提供する全ての可能性の合理的な利用とはほど遠いものと言える。専門の職員や文献カードなどが提供しうる図書館のサービスに対する無理解から、お喋りや行ったり来たりによる時間の浪費に至るまで、学生たちは図書館の本来の機能を理解していないことが分かる。学生たちにとって図書館は、出会いの場なのであり、あるいはせいぜい良くても勉強部屋なのである。学生たちの図書館の組織に対する期待に関して言えば、大学図書館の固有な技術的改善（文献目録、貸し出しサービスなど）を望む者はわずか（一二%）なのである。

　学生たちは、図書館では勉強するふりをするものだというイメージによって多かれ少なかれ態度を決定する。その結果、実際の（単なる見せかけとは違った）勉強の意志は、合理的計画や決断によって図書館で勉強するという態度や図書館では勉強しないという態度で表されることになる。

　おそらくこうした図書館で見受けられる大部分の行動は、客観的な条件、特に学校の施設の欠陥や不十分さ（たとえば学習室の不足）のせいにされるかも知れない。実際それはよく言われるように、こうした学生たちの態度は全く客観的条件によってもたらされたものだと考えられている。従って学生たちの態度を変えるには物質的条件を変えればよいということになる。しかし、こうした見方は自然発生的社会学の幻想というものである。しかし、「物質的条件は既にその傾向が存在する場合にだけ、行動の傾向を大いに助長するか、あるいはそれにブレーキをかけるのである。何故なら物質的条件が用いられる方法は、この条件を使う人間によりけりだからである」(1)ということをこの社会学は知らない。確かに、何か外部からの影響もないのに、設備が改善されたからといってどの学生も十分に図書館を利用する能力を身につけるようになるとも思えないし、また施設不足を無くしたからと言って学生の態度が〔急に〕変わるというものでもあるまい。つまり、（様々な社会的出自をもつ学生に不平等な影響を与えている）物質的障害は学生たちの文化的障害を（物質的障害を引き合いに出す者たちの目から）隠しているのではないだろうか。だからたとえば、学生たちは本が足りないと不平をいうのだが、それは彼らが図書検索の仕方を知らないからであり、また教師の推薦する基本図書しか読まないのである。学生たちは図書館が情報提供するような基本図書を一斉に探しているのであり、そうした類の本は研究者用の図書館よりも図書館の分室のような所の方でずっと簡単に見つかるものなのである。(2)

（1）W・I・トーマスとF・ズナニエツキ『ヨーロッパとアメリカにおけるポーランド農民』（ニューヨーク、一九五八年、第二版）一三頁。

（2）本を借りた学生の五九％は、学校の指示に従って本を借りている。たとえば教師の推薦した本とか、教師のあげた文献目録に載っていた本を借り出しているのである。わずかに一一％の者が友達に勧められた本を借りている。

だがおそらくより根本的には、図書館に対する学生たちの態度というものは、彼らのあらゆる知的労働に対する態度を表している。意識的か否かは別として、大半の学生たちが嫌がるのは、合理的な時間の使用や、ダラダラと時間を過ごすのではない持続的な一つの仕事への打ち込みのような方法的な態度 entreprise methodique で図書館で勉強することである。同様にコツコツと本を読むことを理想とするような行動は、好まれない。予備調査における回答ではほとんどの学生が、家での読書よりも行き当たりばったりな行動のできる状況での読書や、あるいはカフェや「自然の中で」友達と散歩をしながらのような気楽な読書を好むと答えている。

読書は「しかるべき時のため」に取っておく、あるいは知的労働を一種の暇つぶしにしてしまうような知的労働に対するロマンティックなイメージを学生は抱いている。だから学生たちは、特別な場所での練習問題による知的活動を退屈なこととして退けるような傾向を示すことになる。「私は図書館の雰囲気が嫌いなの」。「図書館は嫌いだな。図書館はお堅い感じ insitutionnel がするし、それに退屈だな。本を手に取って見た時は、自分のために書かれた本だって気になるけど、〔実際に〕借り出してみると自分向きじゃないって思うんだ」。「試験のためいつも三〇冊ぐらい借り出しているけど、毎日新しいのを借りているよ。毎日言っているけど、四六時中本を借りているな！　って。いつも自分に言っているんだ。本を読まなきゃって。でも本を手にとって、三、四頁読むと別の本が気になって、他のを手にしてるんだ」

学生たちは図書館の合理的な利用のための訓練を受けていないだけに、こうした文化的障害は重大な影響を与えることになる。また学生たちは大学に何年か在学しているのに、図書館の固有な機能を利用するとなるとその無能ぶりをさらけ出してしまうのである。「私はレポートを書くために Harraps* を使いに、しょっちゅう大学の図書館に行くわ。他のこともするけど、本は一冊も借りないわ。文献カードがどうなっているのかちっとも分からないの。だから文献カードを使ったことなんてないわ」（女子学生、中間管理職の家庭出身。学部六年）。実際、図書検索のテクニックはごく初歩的なことすら教育の対象となっていないのである。[1]

（1）十月の入学時に学生に配布される新入生用のガイドには、図書館の機能について一般的な説明が書かれている。しかしそれは、図書館の利用の入門書とはなっていない。学生が図書館の利用の仕方を習得するには、図書館のシステムの説明では不十分なのである。学生たちに図書館を利用するテクニックを教え込む inculquer 必要がある。

＊　フランスの学生たちがよく使う英仏辞典の名前。

注目しなければならないのは、最も多くみられる図書館に対する態度が、大学の勉強における方法やテクニックを欠いており、図書館での研究の方法的態度を身につけていない点である。図書館の文献目録を利用したり、本を借りたりする者は、「中等教員養成所の学生 ipessiens」で三五％、奨学生で二七％、その他の普通の学生で二四％である。とくに「中等教員養成所の学生」は他の学生よりも図書館を勉強する場所と考え、出会いや勉強しない場所とは考えていない。(1) かくして知的労働の方法やテクニックの教育の欠如は、自然淘汰の法則に従っているように見える。大学制度が提供している資源は全ての学生に向けられているにもかかわらず、〔実際は〕研究能力を備えた〔少数の〕者だけが利用できる状態なのである。

（1）大学図書館（文学部に近い）に足繁く通う法学部の学生は、日常生活の場から抜け出るために図書館に行くのであり、そのほとんどの学生は本を借りるために図書館に行くわけではないのである。

＊

こうして個人的行動が主観的にまた客観的に規定される関係によって、図書館において最も多くの学生たちがとる行動の客観的意味が明らかにされる。もちろん学生たちが図書館と取り結ぶ関係が多様で曖昧な〔多義的な〕ambiguïté 意味をもっているので、学生自身が自分の行動の本当の意味を明確に述べることができるなどとは考えられないが。

だから間接的な質問によってはじめて、学生の図書館における態度の体系的な違いが捉えられるようになったのである。この質問によって、図書館の提供するサービスの利用能力や学生が図書館での自分たちの行動に与える（主観的ないし客観的な）意味が、学部の在籍年数や性別、社会的出自ごとにどう違うかが明らかになったといえよう。

新入生や予備課程一年にとって、大学の図書館での勉強は大学生のイメージを実現する格好の方法である。このイメージは高校時代の監視された義務的勉強の雰囲気を呼び起こすだけでなく、図書館は学生ならではの、また周知の出会いの場となる。また図書館の主な利用者が教養部の一年生であることはよく知られている。つまり卒論を書いている上級生たちは別の専門の図書館を利用しているという事実は、予備課程一年の学生が大学図書館の利用者の四五％に当たる事を説明するのには十分ではないのである。一方同年度における、文系学部の学生はその三〇％が大学図書館を利用しているにすぎない。

大学図書館に対する〔図書館によく行っているのに生活信条としては自宅派であるという〕アンビバレントな態度は、特に女子学生に顕著である。女子学生は男子学生よりも自宅で勉強する習慣があると述べている。また女子学生は男子学生よりも家族と暮らすことが多く、勉強は自宅でするものだというイメージをもっていると述べている。従って、女子学生は男子学生より大学図書館を利用することが少ないと予想される。これとは全く逆に女子学生が図書館によく通っているという事実は、女子学生の勉強熱心のせいにされねばならないであろう。(1) しかし実際は、女子学生が男子学生より多く図書館に通うのは、自分の周りに人が居た方がいいと思っているためであり、その方が他の学生に会えるとともに「勉強の刺激になる」と思うからだと述べている。「人が〔図書館を〕出たり入ったりしているのを見るのが好きなんです」。「独りで図書館に行くなんて厭。だって図書館って死ぬほど退屈なんだから」。男子学生はより現実的で覚めたイメージを図書館にもっている。彼らは図書館を通過と出会いの場である「駅のホール」のようなものと見ている。これに対して女子学生は、図書館に集団的活動が集中する場であるミツバチの巣のイメージを抱いている。彼女たちはそのイメージに勤勉な学習と出会いの期待を両立させている。また女子学生は修道院と駅のホール、ミツバチの巣と待合室のような正反対の二つのイメージをより多く抱いている。こうした対立するものを両立させることで、自分たちが実際に図書館に行くことに与えているアンビバレントな機能を自ずと表している。(2) こうしたわけで彼女たちは、うるさい雰囲気の中で勉強するのが好きだと答えるとともに、その騒音のせいで勉強の能率が上がらないと言うことができるのである。同様に男子学生よりも女子学生の方が、図書館に行って勉強したり人と会ったりするのが好きだと答えている。さらに彼女たちは、図書館の理想的イメージの中からミツバチの巣と講義室を選び、これに対して男子学生は修道院を多く選ぶ。こうした女子学生の態度が露呈する融合へのノスタルジーは、他の指標によっても示されている。つまり彼女たちは知人の側に居たいし、隣の人が何をやっているかを知ろうとし、またおしゃべりのため勉強を中断してしまうと述べている。

（1）文系の学部における図書館利用者の七〇％が女子で占められている。女子学生は、同年の文系学部の在席学生全体の六〇％にすぎない。

（2）図書館での行動について尋ねたところ、女子学生の二四％が勉強と他の学生との出会いと答えている。そう答えたのは男子学生ではわずかに一二％であった。女子学生のうち五六％が、ミツバチの巣と講義室を理想的イメージとしていた。これに対して男子学生は、三七％がこの回答であり、また修道院と答えた男子学生は三三％で女子学生の一八％より相対的に多かった。他方、男子学生二九％に対して女子学生一三％が図書館にもっとも近いイメージとして駅のホールをあげていた。また一〇％の女子学生は学習室と会議室を兼ねたところというイメージを図書館にもっているが、こうしたイメージを男子学生は全くもっていない。

おそらくこうした矛盾した女子学生の態度は、「錯綜した圧力」に対する反応と理解されるべきであろう。この「錯綜した圧力」は女性の役割の伝統的定義と女子学生の状況との不一致が、彼女たちに与えているものである。とりわけ恵まれた階級を出自とする女子学生は、現在の活動はうわべだけの未来の準備にすぎないのであり〔実際は女子の伝統的な性役割を準備しているとする〕、女子の学部進学は社会的意味がないといった考えを否定し、学部への進学に社会的意義を見いだしているのである。[1] 実際女子学生は男子学生とは違った、二つの対立する方向に従った行動によって、（家族や男子学生の期待と大学の状況との）矛盾した期待に応えているのである。一方で女性の行動の最も伝統的なモデルは、彼女たちに勤勉に勉強することや学校に対して従順であること（たとえば、それは男子よりも女子の方が教師に薦められた本を多く読んでいることに示されている）を要求し、他方では悪い環境への忍従や（意識する、しないにかかわらず）人との交流や接触といった男子学生には求められない、最も伝統的な社会的期待に無意識に応えることが要求されているのである。

（1）庶民階級出身の女子学生は、他階級の女子学生とは明確に違った、勤勉かつ一貫した態度を示している。つまり庶民階級出身の女子学生は、より多く図書館本来の機能を利用しているだけでなく、出入口に遠くて常備図書に近い、静かな席を選んで利用している。

これはおそらく、図書館における（特に恵まれた階級出身の）女子学生の（自らに二重の役割を課することで、表面的な妥協を許している）行動は、自分たちの状況とのアンビバレントな関係を表し、また大方の図書館利用者が示す態度を、程度の差はあるにせよ、そのまま示している。〔ところで〕本をあまり買わないと言われている庶民階級出身の男子学生が、住宅環境があまりよくなくて、よく学校に来ており、しかし大学図書館には他の学生たちよりは余り行かないことをどう理解すればよいのであろうか。彼らは多くの場合自宅で勉強しているというのであろうか。庶民階級出身の学生の真面目さを特徴とする態度は、図書館はうわべだけの勉強の場だ（彼らにとっては明らかな事であり、また自らハッキリと面接で述べていたことである）[1]という客観的な定義によって規定されているのである。彼らは他の学生よりも過剰に選抜された学生なのである。その証拠に、試験が近づくと普段よりも庶民階級出身の学生は図書館に姿を見せなくなる。[2]しかし、彼らの図書館での勉強ぶりは、すこぶる付きの真面目さを示している。上流階級出身の学生とは違って、彼らはおそらく「知り合いでないと」不安なのか、彼らの仲間の近くに陣取っているものの、おしゃべりする事は少ない。[3]要するに、恵まれた階級出身の男子学生の場合は、図書館を勉強のふりをする場にしているのである。

(1)「図書館じゃ全然集中できないし、本も読めやしないよ」(従業員の子弟)。「大学図書館、嫌いだな。ずっと続けて勉強なんかできやしないよ。僕は人にじゃまされる所じゃ勉強はできないんだ」(農民の子弟)。「図書館じゃ、誰も勉強してないよ。あそこじゃ勉強のふりをしているだけさ。僕は自分の家で勉強する方がいいね」(労働者の子弟)。

(2) 庶民階級出身の学生は、リール大学文系学部の学生の二三%を構成しているが、彼らは「普段」図書館に通っている同学部の学生の二三%に過ぎないし、試験の時期ともなればさらに減って一二%を占めているに過ぎない。

(3) 庶民階級出身の女子学生は、他の女子学生とは違った態度を示していた。

*

「僕の勉強は悪くないね。それは強制されたものじゃないからね。僕の勉強は一つの娯楽ってものだね」。「僕の場合、勉強する時間はないけど娯楽の時間はあるんだ。僕の場合、自分の周りのことについては何もしない時間しかないんだ」。「年中僕の場合、勉強は娯楽の空間だし、娯楽は勉強の空間なんだ。だから、それは入り組んでいるってわけさ」

ディレッタントにとって全てが、遊びと勉強の境界を取り去る手段となる。さらに彼らにとって、ある種の遊びは文化=教養形成の一部を成しており、また図書館やカフェでの勉強は遊びでありながら、それでいてちゃんとした勉強なのだと思わせるものなのだ。これがディレッタントというものである。

〈付録 1〉

調査対象者の属性

	教養課程文系学部	卒業年次文系学部	自然科学	法学部	医・薬学部	専門学校
農業 48人	10	17	13	5	—	3
労働者 87人	36	30	17	2	—	2
サービス業 41人	10	21	6	2	1	1
事務職 96人	30	40	19	3	2	2
職人、商人 153人	53	58	30	6	1	5
中間管理職 145人	59	52	26	5	2	1
上級管理職 244人	75	104	44	9	11	1
その他（年金生活者、退職者） 66人	13	27	21	3	1	1
合計 880人	286	350* *〔349〕	175* *〔176〕	35	18	16

＊原文では合計の計算がまちがっている。

〈付録2〉

ヨーロッパ社会学センター（ムッシュー・ル・プランス通り一〇番地、パリ六区）　日時

教育社会学

（1）入館時間
　　退出時間
（2）性別
（3）生年月日
（4）父親の職業（出来るだけ詳しく。例＝「教師」は不可。「小学校教員」、「教授」。「労働者」は不可。「一般工」などと表記のこと）
（5）学部名（大学校名）
（6）主に勉強する場所
　公共施設　**自宅**

住んでいる場所

寄宿　自宅

（7）本年度の試験予定

（8）高等教育在学年数（現在まで）

（9）学期中の住居

（10）住居

親と同居

独立（独居、二人、複数）

特定の施設

他の大学（所在地、会館名）

ホテル

その他（詳しく）

（11）身分

一般学生

奨学生

中等教員養成課程

バイト

学校内（詳しく）

学校外（詳しく）

（12）あなたは、大学の図書館で週何時間ぐらい過ごしますか（おおよその時間）。

（13）今日あなたは、大学の図書館で何をしましたか（出来るだけ詳しく）。

（14）あなたが、図書館に本の借り出しや相談に来た理由は……

先生の指示で

文献目録があるから

友達と話すため

誰か他の人の薦めで（それは誰ですか　　）

その他の理由（詳しく）

（15）普通あなたは、何かに邪魔されずに勉強できますか。　はい　いいえ

「いいえ」と答えた方へ。時々何に邪魔されますか。

夢想にふける

隣人とのおしゃべり

独りやみんなでタバコを吸う

独りやみんなでカフェへ

その他（詳しく）

（16）どこで一番勉強しますか（順番をつけて）。

自宅

カフェ
大学の図書館
他大学の図書館（それは何処ですか）
その他の場所

(17) 知り合いの側に座る方がいいですか。　はい　いいえ

(18) あなたは今年、図書館で誰かと知り合いになりましたか。　はい　いいえ

「はい」と答えた方へ
同じ専攻の学生
同じ学部の学生
他学部（詳しく）

(19) 周りの人のしていることを知りたいですか。　はい　いいえ

「はい」と答えた方へ
勉強のレベル
専攻
その他（詳しく）

(20) 好んで座る席はありますか。　はい　いいえ

「はい」と答えた方へ
その席の場所を以下の図に記入して下さい

半円形の階段教室

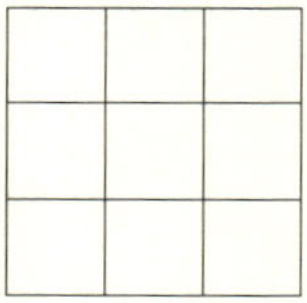

どうしてその席がいいのですか。

(21) あなたにとって、大学の図書館のイメージに最も近いのは次の内どれですか。

教会　　　待合室
ミツバチの巣　駅のホール
講義室　　修道院
その他のイメージ（詳しく）
どうしてですか。

(22) あなたはどんなイメージの大学図書館を理想としますか。

教会　　　待合室
ミツバチの巣　駅のホール
講義室　　修道院
その他のイメージ（詳しく）
その他のイメージ（詳しく）
どうしてですか。

(23) あなたにとって図書館とは何ですか。また何を期待しますか。

(24) あなたの意見や希望を自由にお書き下さい。

付論

教師と学生のコミュニケーション

ピエール・ブルデュー

社会学者というのは、演劇から借りた言語の使用を好むものである。社会学者たちはこの演劇用語を使用することで、暗黙のうちに社会的主体 sujets の行為を役割の遂行と同一視する。だが実際には、役者や役、人物といった観念に埋められた死んだメタファーは、一つの根本問題を隠蔽してしまう。すなわち、このメタファーはすべての人間の行動が二つの顔を持っていることを隠蔽してしまうのである。行動 conduite というものは、その一面では行為 action を表しており、もう一面では表現 expression を表している。ある種の職業的活動 actes は、劇化 dramatisation と呼ばれる、行動の象徴的側面を過度に押し出す営為を他の職業的活動ほどには必要としないものである。とはいえ、独奏者やサーカス芸人、外科医のように、もっぱらその仕事の遂行だけが必要な活動である場合でさえも、ある表現の機能をもっている。しかし、すべての活動がそのままで〔行動の一側面である〕表現の〔側面の〕倍化に適しているわけではない。主体は行動を規定するモデルの〔単なる〕遂行においてさえも、その行動の遂行の〔このモデルにとって〕例外的な性質をこの表現的側面の倍化によって表している。しかし多くの場合、社会的主体は行動の実効性を犠牲にした場合にのみ、行動の表現力を高めることができる。また、その逆の場合〔＝表現力を犠牲にして実効性を高める〕も成り立つと言える。つまり、サルトルの挙げた注意深い〔まじめで態度の良い〕学生の例を考えてみればよい。この学生は先生をじっと見つめ、聞き耳をたてる注意深い学生の役割を演ずることに疲れ果て、もはや先生の言うことは何一つ聞かないでしまったのである。

また同様に、すべての活動が、非常に多様な機能と内容をもちうる「劇化」を必ずしも同じ程度に必要とするわけではない。ステレオタイプ化された、客観的な一つの期待のシステムがそれぞれの職業には与えられている。この期待のシステムは、活動の象徴的側面と同様にまさに技術的な側面とに関連しており、仕事の社会的規定として、その行為の見物人たちと同様に行為する者にも課せられている。料理人や床屋、カフェのギャルソン、看護師といったある種のサービスをなさねばならない人々は、染み一つない白い制服を着て、その仕事にふさわしい清潔さや能力を象徴的に表すものとされている。言うまでもなく、明らかに行動の象徴的側面についての要求が最も明示的で細部にわたるのは、制度的権威 autorité の所有をその遂行上必要とされる職業の場合、すなわち教師や司祭、医者の場合である。こうした職業の権威と能力を確証しようとする彼らの企てにおいては、彼らの行為は実際その聴衆 public と同業者の共犯を当てにできるかのように為される。周知のように、まことに厳しいエチケットが医者と患者の関係を支配していて、患者は医者の権威を損ないかねないことは決して言わないものである。さらに、同様の暗黙のルールが、その仲の悪さを生徒の前では常に露にしようとしない教師間の関係をも支配しているし、また教師たちは学生と、同僚教師にならもつ共犯関係をもとうとはしない。

だがさらに根本的には、相互に結びついている、まさに役割の規定と制度的属性とは、その文字どおり技術的な側面には完全に還元し得ない職業的活動の遂行を要求し、正当化する。つまり、それを望むと望まざるとにかかわらず、何らかの劇的行為や行為のドラマ化無しには行為が進まない状況において、教師というものは一つの活動の社会的規定との関連で定義されねばならない。言い換えれば、その伝統的形態における教師役割の社会的規定では、その言外の情報として、言説のまさに内容の外部にある、教師の特殊な資格が当てにする、意味の総体を教師は伝えねばならない。つまり、教師の行為においては、他のコミュニケーション行為にもまして、コミュニケーションの仕方〔そのもの〕が、伝える事柄の一部分を成している。教師という職業は、表現的機能と本来の技術的機能、つまり、個別的な内容を伝える機能とのバランスを保つという問題を重大なものとして提起することがほとんどないのである。なるほど教師ぶった話というのは、話し手にとっても聞き手にとっても、意味をもたないし、また意味内容 signfié の全ての意味 intérêt を遮るものなので、表現機能に絶対的な特権を与える教育は、固有な目的を全く欠いていることは明白であろう。だがそれでもなお、教育というものは、特定の内容を伝えねばならないし、またその内容の価値を認識させねばならない領域なのである。さらにまた、こうした領域に到達する最善の方法は、コミュニケーションの仕方が話し手に与える威信からは目を背け、伝えられる内容に目を向ける場合だけなのである。換言すれば、虚栄しか伝えないようなコミュニケーション行為の虚栄をその威信が隠蔽するのに貢献しているにもかかわらず、即興や妙技、優秀さの崇拝に基づいたカリスマ的な教育方法の威信が、その合理性〔la rationalité 正当性〕を否定し得るなら、この威信は又、被教育者に伝えられる内容に対する興味 l'interet を引き起こすことで、その合理性〔la rationalité 理性〕〔の回復〕に役立つことが出来るであろう。

実際、教育的コミュニケーション行為が遂行される状況では、教師、特にフランスの教師は〔個別的な内容とその価値を伝える〕コミュニケーション機能を犠牲にして、表現的機能に特権を与える傾向がある。教育的活動が基本的には言語的コミュニケーション行為である限りにおいて、教師がそのかけがえのない資格を教師然とした姿 l'exhibition magistrale の表現方法から得るのは、なによりもある種の言語使用においてなのである。距離化の技術の中でも言語は、最も効力のあるものであり、捉えにくい subtile ものである。空間における距離や規則によって保証された距離とは違い、言葉の作り出す距離は制度には全く依存しないように見える。教師は〔権威の象徴である〕アーミンやトーガを身に着けないこともできたし、教壇を降りて群衆に混じることだって望めたであろうが、彼らの最終的防護であるもの、つまりは教師的言語の教師的使用〔だけ〕は、放棄できなかった。この教師的な言語使用は、事柄を〔主体的に自分の意見として〕語るのではなく、事柄について〔客体として、論評として〕語るのである。だから、その〔教師の語る〕状況や人物は言葉の「中立化〔宙吊り〕」を含んでいるので、階級闘争やインセストなど語れないものは何もないのである。こうした機能を果たし得る言語は、いわゆる伝統的でカリスマ的な教育的関係のタイプと切り離しがたい。呪術的イニシエーションである「覚醒の教育」といったカリスマ的教育においては、言語はとりわけ入門者を恩恵の状態に置く機能において特権的な呪術となるのである。伝統的教育において、言葉は確証された文化を滲み渡らせることやこの文化の価値に同意させることを助長する。

言語のこうした使用は、教育的な空間や儀礼や時間的場を伴う教育的状況を規定するすべてのコンテクストによって奨励され、正当化される。実際のところ、教室の形や配置や聴衆の規模から、教師と生徒相互の距離化を促進する競争を引き起こす、練習問題の性質 **nature** を越えた試験の〔評価〕規準 **critère** に至るまで、教育の実際の組織はこうしたものなのである。制度が用意する空間の特殊性において、生徒と距離をとり、畏敬の念を抱かせる、またたとえ嫌でも彼を拘束する物質的条件を教師はそこに発見する。教師は彼を説教者 **orateur** として聖別する教壇の高見に追い上げられ、孤立し、いくつかの空席によって聴衆から隔てられている。その空席は、言葉のマナ *mana* を前にして、恐る恐る見守る素人によって物理的につくられ、いつも、教師風の話の典型的な信奉者である臨時主任司祭〔教師のシンパ〕しか座らない席である。遠く、触れがたい、神話に包まれた隠れた神 *deus absdon ditus* である教師は、最も巧妙な規則というよりも強制的な客観的状況によって、一人芝居や名優を演じねばならなくなる。すでにエルネスト・ルナンは、大革命後のフランスの教育が遂行される制度的諸条件が彼の名作 **la prouesse litréraire** を生みだすのにいかに貢献したかを証言している。

「先生は、週二回各一時間のその都度集まった聴衆による授業、また多くの場合は全く別のメンバーによる二つの連続した授業のため出席しなければならなかった。先生は生徒の個別的な要求を気遣うこともなく、また生徒が何を知っており、何を知らないかを尋ねもせずに、話さねばならなかった。何を言っているのだろうかと推理を巡らす必要のある長い学問的展開が延々と続いた……。劇場のような施設で彼が語ったら、きっと十二以上の席は埋まらなかったことであろう。それが、すべての人に公開された、聴く者を引きつけ、止まらせるのが目的とされる競技場である劇場であったなら、こうした高度な講義ではどんな話が聴けただろうか？〔それは〕すばらしい話、演説家風のロマン主義的デカダンスの「暗唱」〔であったろうか?〕。この講義を手助けするために来たドイツ人の驚きは大変なものであった。彼は、尊敬する先生をとりまくのを常とした大学からやって来ていた。彼の先生は、宮廷参事官 Hofrath であった。その先生は、何度か皇太子に会っているのだ！ この〔ドイツでの〕先生は、注目すべき事しか言わない、もったいぶった大立者であった。〔ところが〕ここでは全く違っていた。ドアはいつも開いたり閉まったりバタついているし、聴衆の退屈そうな雰囲気、先生の口調は全く学術的でなく、時折り大げさでもあるし、〔生徒たちの〕何も新しいことは聴けないがよく聴こえる場所をとる抜け目なさ、きまって同意を促す教師の大声、これら全ては〔このドイツ人にとっては〕奇妙に見えたし、信じがたいものであった[1]」

学生が時折この尊大な空間の転覆を訴えて、丸テーブルにしたり、対話式の授業にしたり、つめこみ式でない授業にしても無駄であった。結局、学生たちはそれでも〔教師との〕距離をとることに協力したし、教育の伝統と連帯したままであった。またこの教育の伝統はあらゆる防御を学生たちに与えただけでなく、学生たちが駆使する学校的振る舞いの唯一のモデルを提供したのだ。おそらく、この学校的振る舞いの最もふさわしい証拠 preuve は、教師的言語は理解できないことや誤解していること認める諦めである。つまり、語彙のテストをしてみると、学生はいつも使い、知っている専門用語の定義ができないし、また観念語による議論における無意味で間違った使用にほとんど全く感受性を示さない〔気づかない〕のである。これは専門用語の特質 propriéte や厳密性 precision に関して諦めた〔醒めた〕無関心を証明している[2]。実際、理解不全と理解不全の不在〔ないことになっている〕とは分かち難い対を成しているのだ。教師と学生は、教育的コミュニケーションにおいて実際に流通している〔飛び交っている〕情報の量を過大に評価しなければならないし、このために理解不全を隠蔽することで、せいぜいのところ〔その情報量を〕維持するに過ぎないテクニックを使わねばならないのである〔分からないことを隠してしまっているので、不必要な説明や弁明、ごまかしが多くなり、先生と学生の交わす情報量だけは確実に増える。理解できないのであれこれと論ずることになる〕。

（1）エルネスト・ルナン『現代の諸問題』（パリ、カルマン・レヴィ）九〇―九一頁。

（2）P・ブルデュー、J―C・パスロン、M・ド＝サン＝マルタン、「教育的関係とコミュニケーション」（『ヨーロッパ社会学センター雑誌』二号、パリ、ムトン、一九六五年）〔本訳書本文〕。

肘掛け椅子の前の講義と小論文《ディセルタシオン》は、機能的な対を成している。寄る辺無き〔根拠の曖昧な〕プログラム〔授業計画、科目〕を明示的で限定的な要求に換え、小論文をもっと厳密で正確な練習問題に換えるなら、また拡散的な〔漠たる、とりとめのない〕規準によって評価される文化的な方法の試験を試験学によってコントロールされた方法に換えるなら、今現在行われているような教師風の講義が理解され、効果を上げていると主張する幻想は、直ちに崩壊することになろう。〔教育〕制度がこうした極論を実現できるなら、学生と教師にとって理論的、長期的には、こうした極論をとりあげることは利益になるだろうし、彼らは直接的にも実践的な利益を得るであろう。だが〔それが実現するまで〕短期的には、彼らが活動しなければならない、またその所産である状況において、彼らにとって有効な機能を持つ幻想を維持するのは、利益となるであろう。教師が言葉の威信を奪われ、説明や方法の説明をしなければならなくなれば、この教師は学生の目には間違って高等教育に入り込んだ小学校教師に映るであろう。なぜなら、こうした教師の授業の仕方は本当の欲求 besoins〔必要〕、あるいは口に出せなかった inavueés〔抑圧された〕期待に応えることになるだろうからである。同様に学生の方はと言えば、小論文における解答〔作文〕にある、教師を真似たレトリックによる防御と安全や「間違いとは言えない même pas faux〔当たらずとも遠からず〕」という用心深い近似的なもの〔気取られない似たもの。巧妙な似せもの〕や偽の一般化に依拠して、先生との距離をとるテクニックを奪われることになる。要するに、〔講義が学生の状況を踏まえた親切で解りやすいものになり、試験が明示的で限定的な規準によるものになるなら〕可能な限り明確な規準から評価されるので、学生の理解や知識の正確なレベルを暴露するリスクを犯すことになる。こうした犠牲と引き替えに学生は、〔他の〕例外的なメリットを除いて〔も〕、必然的に、明晰さを手に入れることになるであろう。また、学生が解っていない時に教師風な独り言を言わなくなるなら、解っていないなら、解らぬままでいる必要はないという新たな想い rappell をこうした状況〔講義と試験が改善された〕の論理に従わせるのは、今度は学生の方である。大体の理解に甘んずるというのは、学校システムへの学生の適応の所産であると同時に条件なのである。学校システムは、それが機能するために必要とするこの幻想を学生に小さいときから否定しないよう要求して来たのだ。

こうして、コミュニケーションの技術的機能と比較してのその表現的機能に与えられた優位は、相補的で共犯的な態度のシステムとして教育的関係を規定する組織に特徴的なのである。だが、完全にそれを説明するには、フランスの教育システムの歴史とそれが伝える文化を調べる必要がある。ルナンはそれを次のように書いている。「フランスの大学は、退屈な説教とラテン語の詩の点でイエズス会修道士によく似ている。また、大学は多くのデカダンスの美文家を呼び戻している。長広舌を振るいたがることや全てを大げさに表現することに堕する傾向があるのが、悪しきフランスである。大学の一部では、認識の基本を軽蔑し、文体 le style や才能だけを評価することに固執してこの悪しきフランスを維持している」。さらにルナンは、デュルケムの『フランス教育史 l'Evolution pedagogique en France』における、イエズス会修道士の「似非ユマニスト的」とフランスの知的気質の基本を形成した「文学的エスプリ」なる言葉について触れている。また、競争試験 concours は形式に与えた特別待遇や特権を強めるにすぎない選抜過程であるとするこのルナンの指摘にも、我々は同意せざるを得ない。「競争試験がコレージュの教師へのただ一つの途だということ、十分な知識と結びついた実践的資格がその就職に必要となっていないことは非常に残念なことである。教育経験の長い人たちは、難しい仕事にすばらしい能力ではなく、少しのろまで臆病な堅実な精神 esprit solide を発揮しており、いつも世間の試練にさらされている。また、若い教師は聴衆や判定者 leurs juges を楽しませる術を知っており、困難を逃れるための楽しい会話に恵まれているが、よい教育をするための辛抱強さや強さには欠けている」。ルナンは、至る所で、真実を犠牲にした雄弁、内容を欠いた文体に特権を与えるこうした傾向のしるしを思い出している。「フランスにおける中等教育や高等教育やエコール・ノルマルの教員養成制度は、文体の学校である文学部で行われており、事柄〔そのもの〕を学ぶ学校では行われていないのだ。この制度は、魅力的な広告業者や心引く小説家や洗練されたエスプリをまことに多くのジャンルでうみだしはするが、結局言語と文学の確かな知識を持った人間だけは生み出さなかったのだ……。モラルと趣味の一般的真理をまもるという口実で、月並みな考えに精神を閉じこめている。スタール婦人が『軽薄なペダンチズム』と呼んだものの原理を見いださねばならない、また学校がそれを助長しているのは、まさに学校の伝統なのであり、学校の事柄に関わっているものなのである」

見られたように、フランス社会の全「知的性格」は、教育的関係としての全知的生活において〔とりわけ〕特権的な（原型的であるが故に）関係において表現され、形成されるのである。また、この〔特権的〕関係の本当の変革 transformation の重要性やその極端な難しさを過小評価してはなるまい。

訳者あとがき（初版）

本書は、Pierre Bourdieu, Jean-Claude Passeron et Monique de Saint Martin, *Rapport pédagogique et communication*, Chaiers du Centre de Sociologie Européene, Sociologie de L'éducation 2, Paris-La Haye, Mouton & Co., 1965 の全訳である。タイトルを直訳すれば、「教育的関係とコミュニケーション」である。しかし、「教育的関係」という語は、わかりにくいと思われる。そこで、端的に本書のテーマを表現している「教師と学生のコミュニケーション」にタイトルを変えている。ちなみに言えば、このタイトルは本書刊行の直後にブルデュー自身によって書かれた単著論文（本書の付録）と同じである。さて本書は、タイトルにもあるように、『ヨーロッパ社会学センター雑誌』第二号の教育社会学特集として刊行されたものである。ちなみに言えば、この雑誌の第一号は『学生と学業』（ジャン＝クロード・パスロンと共著、一九六四年）（*Les étudiants et leurs études*, Mouton & Co., 1964）であり、第四号は『教育、発展と民主主義』（一九六七年）（*Éducation, développement et démocratie*, Mouton & Co., 1967）であった。前者の『学生と学業』は、同年に刊行され話題を呼んだ『遺産相続者たち――学生と文化』（石井洋二郎監訳、藤原書店、一九九七年）（*Les Héritiers: les étudiants et la culture*, Les Edition de Minuit, 1964.）においてその実証的データとして活用されている。従って本訳書もブルデューたちによる一連の教育社会学的研究（一九七〇年『再生産』、一九八〇年『ホモ・アカデミクス』、一九九八年『国家貴族』）、つまり文化と権力の関係をめぐる研究過程の一部をなすものと言えよう。

また付録として訳出した論文は、Pierre Bourdieu, "La communication entre professeures et étudiants", *Travail social*,

Communication humaines, Paris, Fédération française des travailleurs sociaux, 1996-7, pp. 133-6. の全訳である。前述したように本論文には、簡潔なかたちでブルデューの主張が語られている。ブルデューは、フランスの高等教育の宿痾ともいえる伝統主義や権威主義を、エルネスト・ルナンを援用しつつ厳しく批判している。更に、それが如何に教師と学生のコミュニケーションを阻害しているかを糾弾するとともに、その解決策についてもヒントを与えている。文章は硬質で必ずしも読みやすいとは言えないが、早く本書の論旨を知りたい方には、本論文から読まれることをおすすめしたい。

さて、若干の解説をかねて『教師と学生のコミュニケーション』の特質を述べておこう。同時期に刊行された『遺産相続者たち』は、文化＝教養を前にした社会的不平等、つまり学生たちの出身階級や出身地域のちがいによる学校文化に対するかまえの格差や、学業成績の違いを中心に論じていた。これに対して本書は、主要な説明要因を同じく社会的不平等においているものの、その分析対象を教師と学生のコミュニケーションに絞っている。この点に本書の第一の特質があると言えよう。本書においてブルデューは、教育システムの本質はつまるところ、言語を介してのコミュニケーションに外ならないという視点から当時のフランスの高等教育を分析している。本書の五年後に出版される教育の原理論とも言うべき『再生産』においても、教育的コミュニケーションの特質が論じられていた。本書はこの論点を先取りするかたちで、きわめて具体的、実証的に分析している。つまり『再生産』では、「その伝達の効率性を測定するため教育的関係を単なる（simple）コミュニケーション関係として扱おうとすると、教師－学生間のコミュニケーションのなかで起こる情報の消耗のおびただしさをかえって暴露することになる」*とのべていた。多少の説明を加えれば、教育的関係を単なるコミュニケーションとして扱うと、教育的コミュニケーションを対等平等な情報のやり取りと考えることになり、その結果教育においては実に多くの情報が無駄にされていることが明らかになると言うのである。ブルデュー特有の皮肉な言い方ではあるが、教育、とりわけ高等教育の惨憺たる実状が指摘されている。確かに、教育ほど多くの言葉が交わされている世界はない。教育こそ日々実に多くの言葉が語られる饒舌な世界だと言えよう。しかしまたこの教育の世界ほど、その生産される情報量に比してコミュニケーションの効率性、生産性の低い世界もないのである。教育以外の世界なら、情報伝達の失敗はただちに何らかの支障をきたすであろうし、訂正を求められるにちがいない（間違った商品が届けばすぐさまクレームの電話が鳴るであろうし、正しい情報が打ち込まれねばコンピュータも作動しないであろう、ロケットもとばないであろう）。

＊ Pierre Bourdieu et Jean-Claude Passeron, *La reproduction: éléments pour une théorie du système d'enseignement*, Éditions de Minuit, 1970, p. 133.（邦訳『再生産』宮島喬訳、藤原書店、一九九一年、一三七頁）。

ブルデューは本書においてこうした奇妙な現象が起こる原因となる社会的条件を解明している。本書ではその情報伝達の効率の低さが、様々な言語テストによって測られ学生たちの「言語的理解不全」として表現されている。そしてこうした学生たちの言語理解を阻んでいるのが、大学教師の「権威主義」（後の言葉で言えば「教育的権威」）であり、また「社会的出自」の違いや地域格差であり、さらにはこの「言語的理解不全」が大学の世界で問題にもされず維持される原因は、学生と教師の「共犯関係」（＝「暗黙の了解」）にあるとされている。その意味では現在の日本でも十分に通用する大学教育論と言えよう。もちろん彼我の違いも指摘しなければなるまい。周知のようにフランスの大学における落第率の高さは注目に値する。ある本によれば、一九九一年の社会学と経済学の落第率は、日本の一般教育課程にあたるD・E・U・Gの一年と二年で共に二五％、学部の卒業時にあたるLicenceで三九％、四年目のMaîtrise（修士号）で一七％とされている。＊また一九九五年五月二三日号の『エキスプレス』誌は、大学四年まで順調に進学し、何らかの卒業資格を得ている学生の比率は入学時学生の一五％に過ぎないと述べている。さらに同誌は哲学、社会学、歴史、地理、心理学、美術史、音楽、造形芸術の二年への合格率の大学による違いをあげ、ボルドー第三大学の六八％からパリ第四大学（ソルボンヌ）の一九・五％まで格差のあることを指摘している。ソルボンヌでは実に八〇％の学生が二年に進学できないのである。さらにフランスの学生たちの間で言われていることでは、毎年学生は半減し、卒業時である三年目には入学時の四分の一になっていると言う。つまり、入ったら出るのが当然とされている日本の大学との違いは歴然としている。こうしたフランスの大学の厳しい選抜過程を考慮に入れて本書は読まれるべきであろう。

＊ Gilles Ferrol et al., *Réussir le deug de sociologie*, Armand Colin, 1993, p. 31. その説明には次のような注記がある。『二度目は簡単だ！』と言う古い格言があるが、それは証明されているわけではない（Licence は例外としても）。だから、落第は避けよ！」

さて次いで方法的視点の特質について言えば、コミュニケーションの質を規定するのは、そこで用いられている言語そのものではなくコミュニケーション当事者間の「関係」であるとしていることが注目される。つまり後の言葉で言えば、「関係論的思考様式」によってコミュニケーションの問題を解明しようとしているのである。ブルデューの社会学的研究のごく初期に属する著作であるため、概念化の未成熟は否めないとはいえ、教育をシステムとして捉える視点、つまり教育を構成している諸部分に還元することなく「関係構造」として捉える視点は既に確立されていたと言えよう。もちろん「ハビトゥス－実践－構造」、「象徴暴力」、「象徴資本」、「文化資本」などの概念は未成熟であることは言うまでもない。第三の特質としては、本書が文字通りの集団的労作だと言う点である。代表者名としてあげられているのはブルデューらの三名にすぎないが、これに加えクリスチャン・ボードゥロ、ギイ・ヴァンサン、ミッシェル・フレスネがそれぞれ独自の貢献をしている。第2章「試験における学生のレトリック」でボードローは、一六〇枚に及ぶ学生の社会学と道徳学の答案を検討し、学生の用いるレトリックの特質を分析している。教授たちが好む複文を多用する文体が、高い成績を得ていること、それはとりもなおさず「ある特定の階級のエートス」の押しつけにほかならないことが明らかにされている。後の『再生産』の概念で言えば、こうした小論文の成績判定は支配階級である大学人の「文化的恣意」の押しつけであることが暴露されている。第四に本書でも用いられているデータに関して言えば、「理想とする講義室」に関する質問紙法による調査、「言語テスト」(「定義テスト」、「学術語の文脈上の理解テスト(マラプロピスム)」、「多義語テスト」、「特殊な固有名詞テスト」「人文語テスト」)、「小論文のレトリック分析」、「大学図書館の利用」に関する調査が使われている。それぞれにユニークな調査である。特に、最後の「大学図書館の利用」に関する調査では、質問紙法だけでなく大学図書館の司書に依頼し学生たちの図書館での行動を「観察」している。つまり、あらゆる調査手段を駆使してデータをあつめ分析を試みている点に本書の特質があると言えよう。

本書の執筆者についても紹介しておきたい。代表者であるピエール・ブルデューは、一九八一年以来コレージュ・ド・フランスの教授であり、コレージュ・ド・フランス及び社会科学高等研究院付設のヨーロッパ社会学センターの所長を務めている。またベルリン自由大学名誉教授(一九八九年)、ヨーロッパ・アカデミー会員(一九九三年―)であり、フランクフルト・ゲーテ大学とアテネ大学の名誉博士(ともに一九九六年)、また国立科学研究所(CNRS)の金賞(一九九三年)、カリフォルニア大学バークレー校のゴッフマン賞(一九九六年)、ルートヴィッヒスハーフェン市のエルンスト・ブロッホ賞(一九九七年)を受賞している。さらに最近では、アカデミズムの世界のみならず、ヨーロッパ全体を舞台に「ネオ・リベラリズム」に抗する社会運動の旗手として活躍している。モニク・ド=サン=マルタンとジャン=クロード・パスロンは、ともに社会科学高等研究院教授で部長職にある。ギイ・ヴァンサンは、リール大学名誉教授である。さらに、クリスチャン・ボードゥロは、エコール・ノルマル・シュペリウールの社会学教授で社会科学部門の部長を務めている。

最後に、翻訳書の企画を藤原書店社主藤原良雄氏に承諾していただいてから、既に一年を経過してしまった事をお詫びしたい。あわせて本書の独自の価値を認めこの企画をご推奨いただいた加藤晴久教授に感謝したい。さらに、編集を担当してくれた清藤洋氏は、「いい本にしたい」という熱意で筆者を終始ささえてくれた。心から敬意を表したい。

一九九九年春

安田　尚

新版への訳者あとがき

今回、藤原書店のご厚意によってブルデュー『教師と学生のコミュニケーション』（一九九九年初版）を修正、加筆し、新版として刊行することになりました。拙い訳業とは言え、はじめての単訳ということもあり、とりわけ本書には愛着をもっておりました。

さて、新版では何が変わったのか。第一に、苅谷剛彦氏から新版に当たっての立派な序文を戴いたことです。この高名な教育学者の序文によって本書の理解がいっそう深められるにちがいありません。提案された藤原良雄社長、書店編集部の皆様、序文を快諾いただいた苅谷氏に感謝いたします。第二に、訳語に関しては、冒頭の amphithéâtre の訳語を「講義室」から「階段教室」、L・キャロルの逸話では年少者に「学生」はおかしいので「生徒」にかえる等々、いささか些末ですが日本の状況に適合した訳語に変更いたしました。次いで、訳文については、日本語として読める訳文をとの思いから、ブルデューの原文の長大かつ複雑な構文を短く読みやすい日本語の文章にしようと工夫をこらしたつもりでしたが、そのために正確さに多少欠けていた部分も発見され、訂正・加筆いたしました。一八年も経つと拙訳を客観視できるようになるものだと実感した次第です。

さらに本書の意義について一言。「本書はもっと読まれていい本」という思いから、申し上げたいと思います。苅谷氏もご指摘のように、本書では﹅フ﹅ラ﹅ン﹅ス﹅に﹅お﹅い﹅て、学校での成功・不成功を決定する要因として、家庭から相続した「文化資本」の役割が実証的に分析されています。とりわけ本書では、学校や大学におけるフランス語の「言語操作能力」に焦点が当てられています。しかし、本書を読まれた読者の多くは、日本の場合は少し事情が異なるのではないかという感想を持たれたのではないでしょうか。日本の場合、階級によって使う言葉が違うのでしょうか。白文を使う武士・僧侶階級と、ひらがなを使う庶民階級とが「言語操作能力」において隔絶していた時代ならいざ知らず、明治以降の言文一致や教育の急速な普及を見た日本とは、異なるのではないでしょうか。フランス語の文章語はとりわけ難しい。確かに、日本においても広い意味での「文化資本」（進学意欲や職業志向、社交術など）が階級格差を生みだす要因となっていると思われますが、日本においては、むしろ「経済資本」の方が比重は高いように思われます。「言語資本」は隠され、気づかれにくいからこそ、科学が明るみに出すべきものとして、ブルデューは追究したのではないでしょうか。しかし日本の場合、隠されない「露骨」な資本である「経済資本」の方が階級格差を再生産する要因となっているように見受けられます。周知の如く、ブルデューの方法論からすれば、「言語資本」のみが「学校的成功」の唯一最大の条件とみる必要はないのであって、「構造」との「関係」によって、「実体」としての要因や条件は異なった働きをすることになるのです。(1)

もう一つの本書の意義は、教育研究における階級的視点の有効性を明らかにした点です。本邦訳書を刊行した一九九〇年代は、所謂「メリトクラシー」全盛であったように思います。「能力主義」と訳されているようですが、学校的成功は誰のお陰でもないおのれ一人の努力と才能の賜だ、社会的出自、家庭環境といった条件や要因、ましてや階級的要因など全く関係ないという主張であったと思われます。それは、高度成長を成し遂げ、苛烈な受験競争を勝ち抜いた者達の自己認識ではなかったでしょうか。そんな中、当時苅谷剛彦さんは孤軍奮闘しておられたのではと推察しています。昨今は「七人の子供のうち一人が貧困」といったことが政府文書においてさえ指摘される状況となっています。今や、「子供の貧困」問題のみならず、高等教育における学費無償化が論議されるなど階級的視点の意義は市民権を得ているように思われます。この点では本邦訳以降に刊行された『遺産相続者たち』の訳者でもある小澤浩明さんたちの運動の成果でもあると見ています。貧困と格差を増大させる「新自由主義」、「グローバリゼーション」と果敢に闘ったブルデューの業績をあらためて評価したいと思います。

そして最後に、蛇足ながら付けくわえておけば、ブルデューは晩年「市場原理主義」によって蹂躙、破壊された民主主義を再獲得すること、つまり「取り戻し《レアプロプリアシオン》の民主主義」を主張していました。昨今の「民主主義の危機」の叫びを聴くとき、このブルデューのメッセージは我々にとっても重い宿題を提起していたと言えます。この点に関しては、ブルデューの『政治』（藤原書店、二〇〇三年）やラガスヌリ「社会的に存在するということ。承認の社会学と理論[2]」をお読みいただければと思います。

二〇一七年一二月

安田 尚

注

（1）この点に関しては、拙著『ブルデュー社会学を読む』（青木書店、一九九八年）一五〇―一五二頁を参照されたい。

（2）Geoffroy Lagasnerie, « Exister socialement. Sur la sociologie et les théories de la reconnaissance »,in Sous la direction d'Édouard Louis, *Pierre Bourdieu. L'insoumission en héritage*, Paris, PUF, 2013, p. 82.

ま 行

や 行

ら 行

た　行

な　行

は　行

さ 行

索　引

＊この索引は，原書の索引に則って作成した。掲げた頁は，索引の項目が載った全ての頁を網羅しているわけではない。またこの索引は，用語は別であるがテーマが同じである頁をも掲げている。→は参照項目を表している。——訳者

著者紹介

ピエール・ブルデュー（Pierre Bourdieu）

1930-2002年。社会学者。高等師範学校卒業。哲学教授資格を取得。リセの教員となるが、55年アルジェリア戦争に徴兵。アルジェ大学助手、パリ大学助手、リール大学助教授を経て、64年、社会科学高等研究院教授。教育・文化社会学センター（現在のヨーロッパ社会学センター）を主宰し学際的共同研究を展開。81年コレージュ・ド・フランス教授。以後、逝去するまでコレージュ・ド・フランス社会学教授の地位にあった他、ヨーロッパ社会学研究所を主宰し、雑誌『社会科学研究学報』と出版社レゾン・ダジールの責任者も務めた。20世紀における最も影響力ある社会科学者のひとりであり、新自由主義に反対するグローバルな動員に関与する指導的な知識人のひとりだった。著書『ディスタンクシオンⅠ・Ⅱ』『再生産』『芸術の規則Ⅰ・Ⅱ』『ホモ・アカデミクス』『市場独裁主義批判』『メディア批判』『パスカル的省察』『科学の科学』『自己分析』『国家貴族』『介入』『男性支配』『知の総合をめざして』（いずれも藤原書店）ほか多数。

ジャン＝クロード・パスロン（Jean-Claude Passeron）

1930年、フランスのニースに生まれる。父は農民。パリのアンリ四世校の準備級《カーニュ》を経て、高等師範学校を卒業する。哲学の第一級教員免許《アグレジェ》を取得し、エピステモロジー、社会学を専門とする。社会科学高等研究院（EHESS）の研究主任、パリ第八大学教授、ナント大学教授を歴任。本邦訳書や『再生産』（藤原書店、1991年）、『社会学者のメチエ』（藤原書店、1994年）、『遺産相続者たち』（藤原書店、1997年）など、ピエール・ブルデューとの共著を多数刊行している。1991年に *Le raisonnement sociologique* (Paris, Nathan) で『社会学者のメチエ』（原著の刊行年は1973年）とは異なる立場を表明する。

モニク・ド＝サン＝マルタン（Monique de Saint Martin）

1940年、フランスに生まれる。社会科学高等研究院（EHESS）の研究主任。ピエール・ブルデューの学位論文指導教官。エリート論、グランゼコールの研究、経営者論を専門とする。本邦訳書や « L'excellence scolaire et les valeures du système d'enseignement français » (*Annales*, Paris, janv.-mars 1970.)；« Le patronat » (*ARSS*, No. 20-21, mars-avril 1978) などピエール・ブルデューとの共著多数。2000年には単著 « Ver une sociologie des aristocrates déclassés », *Cahiers d'histoire*, 45(4). などがある。

訳者紹介

安田 尚（やすだ・たかし）

1948 年　岩手県に生まれる

1982 年　東北大学大学院文学研究科博士課程単位取得退学（社会学専攻）

職歴　1982 年　小樽商科大学短期大学部専任講師、助教授

1988 年　上越教育大学学校教育学部助教授、教授

2005 年　福島大学行政政策学類教授

2014 年　同上を定年退職

著書　『見える現代――社会学の眼』（共著、アカデミア出版会、1991 年）『ブルデュー社会学を読む――社会的行為のリアリティと主体性の復権』（単著、青木書店、1998 年）『新世紀社会と人間の再生』（共著、八朔社、2001 年）。

訳書　ブルデュー『社会学の社会学』（共訳、藤原書店、1991 年）ブルデュー『教師と学生のコミュニケーション』（単訳、藤原書店、1999 年）アート・シルバーブラット『メディア・リテラシーの方法』（安田尚監訳、リベルタ出版、2001 年）ブルデュー『実践理性』（共訳、藤原書店、2007 年）。

〈新版〉教師《きょうし》と学生《がくせい》のコミュニケーション

1999年 4 月30日　初版第 1 刷発行
2018年 2 月10日　新版第 1 刷発行©

訳　者　安　田　　尚

発行者　藤　原　良　雄

発行所　株式会社　藤　原　書　店

〒 162-0041　東京都新宿区早稲田鶴巻町 523
電　話　03（5272）0301
ＦＡＸ　03（5272）0450
振　替　00160 - 4 - 17013
info@fujiwara-shoten.co.jp

印刷・製本　中央精版印刷

落丁本・乱丁本はお取替えいたします　Printed in Japan
定価はカバーに表示してあります　ISBN978-4-86578-158-8

超領域の人間学者、行動する世界的知識人

ピエール・ブルデュー （1930–2002）

「構造主義」と「主体の哲学」の二項対立をのりこえる全く新しい諸概念を駆使して、人文・社会科学のほとんどあらゆる分野を股にかけた「超領域の人間学」者。

コレージュ・ド・フランス教授の職務にとどまらず、社会学の共同研究はもちろん、自ら編集した雑誌『Actes』、自律的出版活動〈レゾン・ダジール〉、「ヨーロッパ社会運動協議会」の組織などを通して、世界的な知識人として行動。最晩年は反グローバリゼーションの国際社会運動をリードした。拡大された「資本」概念（文化資本）、〈場＝界〉（champ）の概念をはじめ、人文・社会諸科学への影響は日増しに深まっている。

趣味と階級の関係を精緻に分析

ディスタンクシオン Ⅰ・Ⅱ

〈社会的判断力批判〉

P・ブルデュー

石井洋二郎訳

ブルデューの主著。絵画、音楽、映画、読書、料理、部屋、服装、スポーツ、友人、しぐさ、意見、結婚……。毎日の暮らしの「好み」の中にある階級化のメカニズムを、独自の概念で実証。

第8回渋沢クローデル賞受賞

A5上製　Ⅰ五一二頁　Ⅱ五〇〇頁

各五九〇〇円（一九九〇年四月刊）

Ⅰ◇978-4-938661-05-2

Ⅱ◇978-4-938661-06-9

LA DISTINCTION　Pierre BOURDIEU

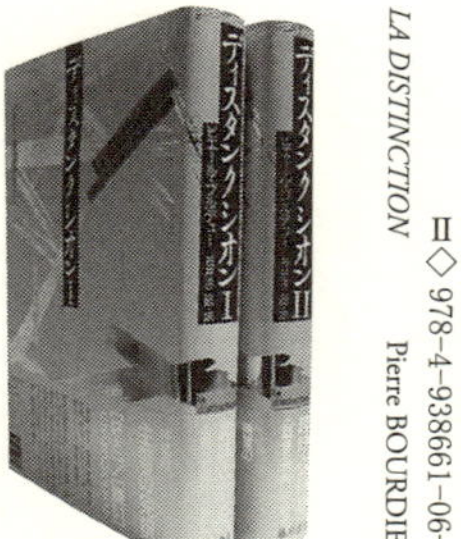

「象徴暴力」とは何か

再生産

〈教育・社会・文化〉

P・ブルデュー、J－C・パスロン

宮島喬訳

『遺産相続者たち』にはじまる教育社会学研究を理論的に総合する、文化的再生産論の最重要文献。象徴暴力の諸作用とそれを蔽い隠す社会的条件についての一般理論を構築。「プラチック」論の出発点であり、ブルデュー理論の主軸。

A5上製　三〇四頁　**三七〇〇円**

（一九九一年四月刊）

◇978-4-938661-24-3

LA REPRODUCTION　Pierre BOURDIEU et Jean-Claude PASSERON

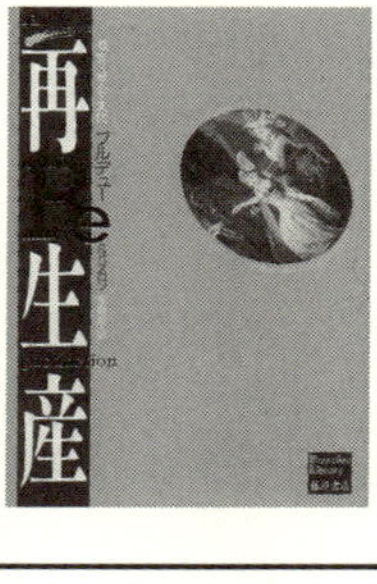

社会学の社会学

pierre bourdieu
choses dites
構造と実践

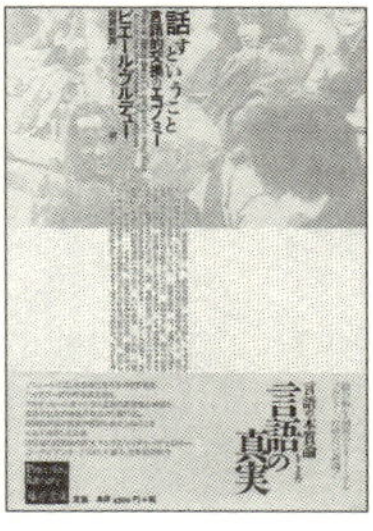
話すということ
言語の真実

ブルデューの人類学
政治経済学批判

ブルデュー理論の基礎

社会学者のメチエ
〈認識論上の前提条件〉

P・ブルデュー他
田原音和・水島和則訳

ブルデューの隠れた理論体系を一望に収める基本文献。科学の根本問題としての認識論上の議論を、マルクス、ウェーバー、デュルケーム、バシュラールほか、四十五のテキストから引き出し、縦横に編み、その神髄を賦活する。

A5上製　五二八頁　**五七〇〇円**
（一九九四年一月刊）
◇978-4-938661-84-7

LE MÉTIER DE SOCIOLOGUE
Pierre BOURDIEU, Jean-Claude CHAMBOREDON et Jean-Claude PASSERON

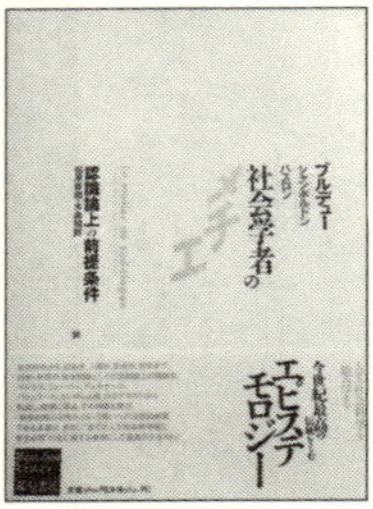

初の本格的文学・芸術論

芸術の規則 I・II

P・ブルデュー
石井洋二郎訳

作家・批評家・出版者・読者が織りなす象徴空間としての〈文学場〉の生成と構造を活写する、文芸批評をのりこえる「作品科学」の誕生宣言。好敵手デリダらとの共闘作業、「国際作家会議」への、著者の学的決意の迸る名品。

A5上製　I三一二頁　II三二〇頁　**各四一〇〇円**
（I一九九五年二月刊　II一九九六年一月刊）
I◇978-4-89434-009-1
II◇978-4-89434-030-5

LES RÈGLES DE L'ART　Pierre BOURDIEU

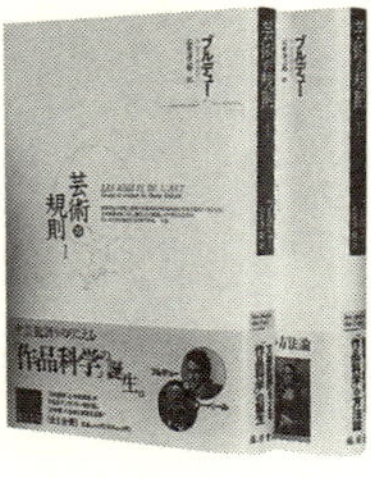

大学世界のタブーをあばく

ホモ・アカデミクス

P・ブルデュー
石崎晴己・東松秀雄訳

この本を焼くべきか？　自己の属する大学世界の再生産を徹底的に分析した、科学的自己批判・自己分析の金字塔。世俗的権力は有するが学問的権威を欠く管理職的保守派と、その逆をゆく知識人的革新派による学部の争いの構造を、初めて科学的に説き得た傑作。

A5上製　四〇八頁　**四八〇〇円**
（一九九七年三月刊）
◇978-4-89434-058-9

HOMO ACADEMICUS　Pierre BOURDIEU

ブルデューの原点

遺産相続者たち
〈学生と文化〉

P・ブルデュー、J－C・パスロン
石井洋二郎監訳

『再生産』（1970）『ホモ・アカデミクス』（1984）『国家貴族』（1989）へと連なるブルデューの原点。大学における形式的平等と実質的不平等の謎を科学的に解明し、見えない資本の機能を浮彫りにした、文化的再生産論の古典的名著。

四六上製　二三二頁　**二八〇〇円**
（一九九七年一月刊）
◇978-4-89434-059-6

LES HÉRITIERS
Pierre BOURDIEU et Jean-Claude PASSERON

「これは自伝ではない」

自己分析

P・ブルデュー
加藤晴久訳

父母や故郷など自らの出自から、一九五〇年代のフランスの知的状況、学問遍歴、アルジェリア経験、そして「取り返しのつかない不幸」まで。危険を省みず、自己自身を容赦なく科学の対象としたブルデューの絶筆。『パスカル的省察』『科学の科学』に続く晩年三部作、ついに完結！

四六上製　二〇〇頁　**二八〇〇円**
（二〇一一年一月刊）
◇978-4-89434-781-6
ESQUISSE POUR UNE AUTO-ANALYSE　Pierre BOURDIEU

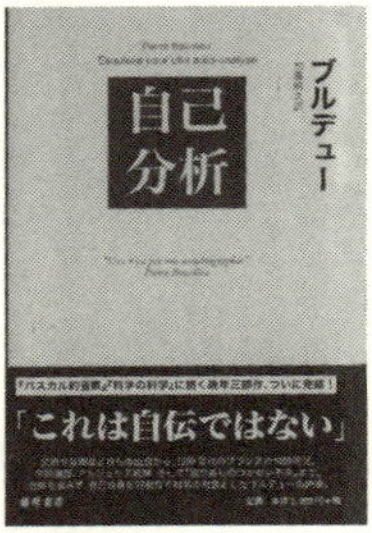

ブルデューの〝資本論〟

国家貴族 I・II

（エリート教育と支配階級の再生産）

P・ブルデュー
立花英裕訳＝解説

膨大な文献資料・統計データを渉猟し、一九六〇―八〇年代フランスにおける支配階級再生産の社会的基盤を分析、「権力維持に文化・教育が果たす役割」についての一般理論を展開。

A5上製　I四八〇頁　II三五二頁　**各五五〇〇円**
（I二〇一二年二月刊　II二〇一二年三月刊）
I◇978-4-89434-841-7
II◇978-4-89434-842-4
LA NOBLESSE D'ÉTAT　Pierre BOURDIEU

四〇年にわたる「政治的発言」の主要テクストを網羅

介入 I・II

（社会科学と政治行動 1961-2001）

P・ブルデュー
F・プポー＋Th・ディセポロ編
櫻本陽一訳＝解説

社会に介入＝発言し続ける「知識人」ブルデューの真価とは何か。全生涯の社会的発言を集成し、旧来型の「社会運動」への挺身でも「国家」の単純な再評価でもなく、両者を乗り越えてグローバリズムと対峙したブルデュー思想の現代的意味を炙り出す決定版論集。

A5並製　I四〇八頁　II三三六頁
各三六〇〇円　（二〇一五年三月刊）
I◇978-4-86578-016-1
II◇978-4-86578-017-8
INTERVENTIONS 1961-2001 Pierre BOURDIEU

偉大な知識人の生と仕事を俯瞰

ピエール・ブルデュー

（1930-2002）

加藤晴久編

ブルデューが自身の人生、同時代の思想家との関係を赤裸々に語る日本語版オリジナルのロングインタビュー二本と、最近の重要論文、世界の知識人によるブルデュー論、年譜、著作解題、**デリダ、サイード**らの弔辞などで構成。

A5並製　三一二頁　**三二〇〇円**
（一九九六年九月／二〇〇二年六月刊）
◇978-4-89434-282-8